LA MARQUISE D'ÉPINAY

ET SES RELATIONS

DANS LA VALLÉE DE MONTMORENCY

AVEC

LA SOCIÉTÉ PHILOSOPHIQUE DU XVIIIe SIÈCLE

PAR

LÉON FALLUE

Lauréat de l'Institut

PARIS
AUGUSTE DURAND, LIBRAIRE-ÉDITEUR
7, rue Cujas (ancienne rue des Grès)

1866

LA MARQUISE D'ÉPINAY

OUVRAGES DU MÊME AUTEUR

Mentions très-honorables de l'Institut.
- Histoire de la ville et de l'abbaye de Fécamp. (Édition épuisée.)
- Histoire de l'église métropolitaine de Rouen, 4 vol. (Édit. épuis.)
- Histoire du château de Radepont. (Rouen, Lanquetin.)
- Mémoire sur les travaux militaires antiques de la rive saxonique.
- Mémoire sur les antiquités de la forêt de Brotonne.

Communiqués à l'Institut.
- Mémoire sur l'emplacement de *Caracotinum* (Harfleur).
- Mémoire sur l'emplacement de *Ritumagus* (Radepont).
- Mémoire sur les trois enceintes militaires successives de Rouen.
- Essai sur le cœur de saint Louis.
- Mémoire sur les monuments druidiques des environs de Falaise.

Lus à l'Institut.
- Mémoire sur le camp antique de Bière.
- Mémoire sur la médaille *caledu* classée à *Caledunum* (Caudebec).

Communiqués à l'Institut.
- Dissertation sur les *oppidum* gaulois et les camps refuges gallo-romains.
- Quatre Mémoires en faveur de l'*Alesia* franc-comtoise.
- Mémoire sur les cryptes d'Épinay-sur-Seine et sur l'emplacement de la *villa* de Dagobert.
- Mémoire sur les ouvrages militaires antiques d'Épinay-sur-Seine.
- Analyse raisonnée des *Commentaires de César*, avec une carte des Gaules, à deux couleurs. (Ouvrage devenu classique.) Paris, 1862, Tanera, rue de Savoie, 6.
- Annales de la Gaule avant et pendant la domination romaine. Paris, 1864, Durand, rue des Grès, 7.
- Etc., etc.

Ces travaux, sauf les histoires, ont paru dans les *Mémoires de la Société des Antiquaires de Normandie*, dans la *Revue de Rouen*, la *Revue archéologique*, la *Revue numismatique* et la *Revue française*.

LA
MARQUISE D'ÉPINAY

ET SES RELATIONS

DANS LA VALLÉE DE MONTMORENCY

AVEC

LA SOCIÉTÉ PHILOSOPHIQUE DU XVIIIe SIÈCLE

PAR

LÉON FALLUE

Lauréat de l'Institut

PARIS

DURAND, LIBRAIRE-ÉDITEUR

Rue des Grès, 7

1866

A MADAME F*** H***

Madame,

Vous avez lu mon manuscrit, je vous dédie mon livre. Je n'ai pas demandé votre assentiment; je craignais un refus, car j'ai remarqué que la philosophe Mme d'Épinay n'allait pas à vos goûts, surtout quand j'ai parlé de ses faiblesses.

J'ai cependant touché ces passages avec circonspection : je ne pouvais les taire, car l'histoire a ses exigences qui ne consistent pas seulement à décrire de grandes batailles, de sanglantes révolutions et la chute des empires dont Dieu tient les destinées dans ses mains puissantes.

Ces graves événements dérivent de nos passions, et l'histoire de ces mouvements impétueux de l'âme sera toujours celle de l'humanité. L'historien ne devra donc pas craindre d'en exposer l'affligeant tableau.

Nous avons suivi cette méthode, mais très-discrètement, en parlant de Mme d'Épinay dont les mémoires, faisant connaître une parcelle de la vie sociale du dernier siècle, l'obligeaient à marcher dans un labyrinthe d'écueils qu'elle n'a pas su tous éviter. C'est le juste reproche qu'on se plaît à lui faire. Aurait-il mieux valu qu'elle n'eût pas écrit ? Cette question a déjà été posée au sujet d'une foule de légendaires qui ont noyé des choses du plus haut intérêt, que nous ne connaîtrions pas sans eux, dans un déluge de récits puérils et mensongers.

Mme d'Épinay a payé dans sa jeunesse un fâcheux tribut aux mœurs trop faciles de son époque. Nous l'en plaignons, espérant toutefois pour elle que les vingt-cinq dernières années de sa vie, consacrées à des travaux utiles, à la religion et à la famille, lui auront mérité le pardon de Dieu.

Peut-être les nouvelles dispositions de son âme auraient-elles exigé le sacrifice de ses *Souvenirs*, car ils n'ont paru que cinquante ans après sa mort. Alors ils ont été loués à outrance et singulièrement critiqués. Ces critiques viennent de se reproduire. Une littérature légère n'a pas craint de charger la mémoire de Mme d'Épinay d'une foule de faits apocryphes et de mauvais goût pour plaire à certains lecteurs qui ne lui pardonnent pas ses liaisons avec les philosophes, dont elle a pourtant blâmé les écarts.

Ne préjugez rien, Madame ; car, bien que vous soyez jeune encore, vous êtes néanmoins dans l'âge où l'on peut apprécier la splendeur et la difformité des choses humaines ; gardez-vous d'une réserve outrée qui affaiblirait les ressorts de votre intelligence et vous exposerait à rejeter non-seulement la lecture de nos meilleurs ouvrages historiques, mais encore celle des plus grands moralistes chrétiens, parce qu'ils ont mis à nu des vices honteux qu'ils voulaient atteindre et réprimer.

Sachez que les choses qui pourraient blesser vos chastes instincts sont généralement corrigées par d'utiles préceptes et par les fatales conséquences qui en découlent. Que votre esprit éclairé s'exerce donc à découvrir ces précieux enseignements, lorsque, forte de votre éducation morale et religieuse, vous n'aurez pour guide que vos nobles aspirations, votre jugement et votre cœur.

Alors vous deviendrez moraliste vous-même. Je vous entendrai avec bonheur parler des devoirs sociaux. Je serai, si vous le permettez, votre fervent disciple, comme j'ai depuis longtemps l'honneur d'être, avec un profond respect,

   Madame,

      Votre très-humble et très-obéissant serviteur,

        Léon FALLUE.

LA MARQUISE D'ÉPINAY

Revenu d'un assez long voyage, — on était au mois de juin, l'air de Paris me suffoquait, — je me décidai à partir pour la campagne avec ma famille. Ce n'est pas que j'aime beaucoup celle des environs de Paris que j'avais en perspective, et que j'abandonnerais volontiers aux maraîchers, aux vignerons et aux gens affairés ; mais, avec une plume et quelques idées, on est bien partout. Les travaux scientifiques demandent peu de distractions et surtout peu d'importuns. On profite à la campagne des heures de solitude qu'on n'obtient jamais à Paris, où l'on est constamment dérangé par des visites, des obligations qui se succèdent et des flâneries que je ne hais pas, sur ces féeriques boulevards où passent tant d'originaux, de femmes séduisantes ou excentriques. Le travail est remis au lendemain.

Ma bonne fortune me conduisit au château de la Briche, situé sur les bords de la Seine, entre Épinay et Saint-Denis. J'en habitai le châlet où m'attendaient une infinité de jouissances que je n'avais pas prévues. D'abord, j'étais à cent pas du chemin de fer, ayant l'agrément de voir passer sous mes yeux quatre-vingt-dix convois, fêtes et dimanches, et d'entendre le sifflet aigu de la locomotive traversant le fort de la Briche. Cette manœuvre troublait, il est vrai, mon sommeil; mais on ne vient pas à la campagne pour dormir.

Il y avait dans le parc une longue terrasse, une pièce d'eau poissonneuse et de grands arbres aux cimes touffues, dans lesquelles les corbeaux avaient établi leur cité. Je me fis pêcheur à la ligne. Un vieux colonel du génie en retraite m'initia à l'art, non d'assiéger des forteresses, mais de prendre de petits poissons. Je faisais tous les jours cinq à six captures qui servaient de pâture à mon chat. Ce passe-temps me valut un rhumatisme qui est venu souvent me visiter et que je garderai peut-être toute ma vie. Aussi, qu'avais-je besoin de faire tant de victimes, naguère heureuses comme le poisson dans l'eau, pour en régaler M. Nounou, — nom que portait cet odieux chat, mort peu de temps après de vieillesse et d'indigestion ?

Enfin, comme on se lasse promptement des mêmes jouissances, je me tins dans mon cabinet, travaillant du matin au soir ; et c'est à mon rhumatisme que je dois d'avoir mis au monde l'*Analyse raisonnée des Commentaires de César*, et les *Annales de la Gaule avant et pendant la domination romaine*. Me sera-t-il permis de dire : A quelque chose malheur est bon ?

Telle était mon occupation courante, mais j'avais bien d'autres projets dans la tête. Jamais je ne sortais sans consulter le sol, sans glaner quelques débris antiques que l'on y trouve toujours, même à la surface, quand on se donne la peine de les chercher. Dès ma première sortie, j'eus lieu d'être satisfait : je recueillis dans les berges une infinité d'objets romains qui me firent juger que j'étais sur le sol de l'antique *Spinogelum* (l'ancien Epinay) où mourut Dagobert, et d'où ses restes furent transportés dans les caveaux de Saint-Denis. Fier de ma découverte, je me posai en antiquaire, projetant d'explorer tous les environs.

Mes recherches eurent un certain retentissement dans la contrée : on me présenta des armes franques trouvées dans la Seine ; je les achetai, et bientôt les possesseurs d'antiquités, pour avoir quelques petites pièces de ma bourse, vinrent fondre sur moi comme des étourneaux.

C'est ainsi que j'ai formé une collection rivale de celle de Saint-Germain, où l'on a entassé les armes d'Alize-Sainte-Reine réputées de l'époque de César, tandis que j'ai classé les miennes, parfaitement identiques à ces dernières, au temps des invasions germaniques qui fondirent sur nos contrées pour ruiner l'empire romain dans la Gaule. J'aurai probablement tort aux yeux de certaines gens ; car j'ai contre moi une commission impériale et une docte académie qui n'admet pas qu'on puisse avoir ni science ni sens commun si l'on n'est académicien.

Je ne parlerai pas de mes médailles ; j'y tiens moins qu'au reste, et je m'en séparerai volontiers si je trouve à les vendre cent fois plus cher qu'elles ne m'ont coûté.

De l'antiquité, je remontai à des époques moins reculées. Je découvris que le domaine de la Briche avait appartenu à Gabrielle, dont le nom resté poétique sera toujours inséparable de celui de Henri IV. Je voyais la chapelle où elle était venue prier pour son amant et demander à Dieu le pardon de ses propres faiblesses en faveur de son repentir.

J'appris aussi que le même château avait appartenu à Mme la marquise d'Epinay, célèbre par ses relations avec les philosophes du XVIIIe siècle. Ce fut assez pour que je désirasse m'occuper d'une manière spéciale de ses écrits, de sa vie agitée et de sa curieuse personnalité.

J'ai passé les quatre années les plus heureuses de ma vie au milieu de tous ces souvenirs, entouré de ma famille et de connaissances intimes qui étaient venues se fixer à la Briche. Dans le nombre était mon ami Achille R... qui m'accompagnait souvent dans mes excursions, mais sans fruit pour la science, car jamais je n'ai pu lui faire entrer dans la tête la connaissance du plus petit fragment d'antiquités. Il préférait la pêche à la ligne, au risque de tomber, comme il l'a fait plusieurs fois, dans l'étang : heureusement qu'il ne pêchait qu'en été !

Pendant qu'il se livrait à cet insipide exercice, sa femme faisait de jolis vers inspirés par le souvenir de Gabrielle dont nous recherchions vainement les traces parmi les bosquets et sous les grands arbres du parc. Ces vers étaient récités par elle dans nos douces soirées. Comme Achille était heureux d'entendre les œuvres de sa femme ! Ses yeux brillaient : il semblait la remercier des applaudissements qu'elle recevait, plus content mille fois que s'ils lui eussent été personnellement adressés. Achille était d'un caractère très-flexible et bon époux ; mais, outre sa manie de pêche, il avait celles de peigner constamment son chien, ce qui nous donnait des puces à tous, et de courir après les militaires ; ce dernier goût prévalant, il allait s'enfermer deux heures par jour dans le fort de la Briche pour assister à l'exercice de la garnison, et se rendait à la grille du château dès qu'il entendait un tambour sur la route. Ces excentricités inquiétèrent jusqu'à sa femme qui eut peur, un instant, que la vie de soldat ne lui plût mieux que celle de mari et qu'il n'eût la velléité de changer de corps. Elle composa les couplets suivants pour ramener à la raison son grand zouave égaré :

> Quand tu me dis : Oh ! la noble carrière,
> Que de succès auraient pu me couvrir !
> Quant tu crois voir, ornant ta boutonnière,
> La croix d'honneur, tu souris de plaisir.
> Quand un tambour auprès de nous résonne
> Et qu'on entend des accents belliqueux,
> Ami, parfois, de regrets tu frissonne,
> Et puis tu dis : Oh ! comme ils sont heureux !

Pourquoi toujours rêver champs de bataille
Quand Dieu te donne un si doux avenir ?
Pourquoi rêver et victoire et mitraille ?
C'est près de moi qu'il faut vivre et mourir.
Dans ta maison n'est-tu pas capitaine ?
N'y vois-tu pas toujours un œil soumis ?
Non, mon ami, non tu n'as plus de peine ;
Non, je le vois, puisque tu me souris.

Si l'ennemi venait dans nos murailles,
Te retenir serait trop flétrissant.
Pars, mon ami, vite aux champs de bataille,
Car des Français je vois couler le sang.
Si de l'Anglais allait flotter la flamme,
Reviens à moi glorieux des combats.
J'étais Française avant d'être ta femme ;
Tous les Français ne sont-ils pas soldats ?

Achille fut sensiblement touché de ces affectueux reproches, et l'on remarqua, peu de temps après, qu'il s'était considérablement modifié.

Dans nos intimes réunions, Mme Félicie H..., dont le caractère toujours sympathique et bienveillant ne s'est jamais démenti, conquérait nos suffrages par son beau talent sur le piano, et

Mlle Claire B... nous charmait par les modulations de sa délicieuse voix.

Je fus alors admis dans une charmante famille qui possédait tous les éléments propres à capter les sentiments de l'esprit et du cœur. Une des intéressantes filles de la maison était malheureusement atteinte de l'une de ces maladies qui ne pardonnent pas et dont on n'arrête les progrès qu'à force de soins : lutte inégale dans laquelle la faible humanité doit fléchir sous les vives étreintes de la douleur, comme le frêle roseau sous le vent des tempêtes. Son souvenir vivra dans la mémoire de tous ceux qui l'ont connue, car ils n'oublieront jamais son extrême bienveillance, le saint dévouement de sa vie, la douce sérénité de son caractère et la pieuse résignation qui la soutenait dans ses souffrances.

Mais jetons un voile funèbre sur son angélique départ d'ici-bas, craignant d'affliger un cœur de mère qui saignera longtemps et n'a d'autre consolation que l'espérance de retrouver un jour cette âme d'élite, mieux placée dans les béatitudes éternelles qu'au sein de nos tribulations et de nos misères.

Je devais ce tribut à la mémoire de Mlle X... et aux chagrins de sa famille en pleurs. Qu'on nous pardonne cette triste digression ; mais les teintes sévères n'ont jamais déparé les conceptions les plus frivoles.

Nous recevions des visites de la capitale et des lieux voisins. Mme B..., sortie du couvent pour épouser un officier de dragons, nous effraya d'abord par ses airs mystiques, mais bientôt nous reconnûmes qu'il ne faut pas se fier aux apparences, et que sa nouvelle position ne lui déplaisait pas.

Une autre personne, Mme S..., venant des environs de Saint-Germain, fascinait les hommes par ses heureuses saillies et la vivacité de son esprit. Les femmes dont elle était incomprise ne lui rendaient peut-être pas toute la justice qu'elle méritait. Ce caractère original n'est pourtant pas à dédaigner, car quelle monotonie règnerait dans un salon si ce parterre de gracieuses personnes qui s'y pressent n'était composé que des mêmes fleurs !

Mme S..., sous l'empire de ses idées excentriques, allait souvent chez son curé et trouvait très-piquant de faire main-basse sur son déjeuner; mais, par un heureux retour de gratitude, elle lui épluchait, avec une délicatesse extrême, ses marrons dont il était obligé de se contenter.

Les caprices de Mme S... n'ôtaient rien à ses brillantes qualités ; c'était une charmante femme dont les talents variés nous procuraient d'utiles distractions, et c'est par reconnaissance que je lui consacre ce petit souvenir.

M. de Kerdec, qui était Breton, nous présenta un certain abbé, son compatriote et son ami. Ce dernier était haut de six pieds et mince comme une perche. Mme S..., qui ne manquait pas de malice, prétendit qu'il avait oublié sa crinoline, ce qui lui donnait l'apparence d'une aiguillée de soie noire. On finit par s'habituer à sa disgracieuse personne, mais il aurait été de peu de ressource s'il n'eût joué du galoubet.

Enfin cette société finit par se dissoudre et disparaître, comme il arrive de toutes les choses d'ici-bas. On désira de nouvelles distractions; les uns se retirèrent à Épinay, d'autres à Enghien. Achille R... et sa femme allèrent planter leur tente dans Argenteuil, où il y avait des pêcheurs à la ligne, un bataillon de garde nationale et des gendarmes.

M. de Kerdec se fixa à Bellevue pour y commenter sur place les œuvres du curé de Meudon; mais sa femme, qui fourre le nez partout, au lieu de trouver ce qu'elle croyait rencontrer dans une œuvre cléricale, n'y découvrant que des expressions qui blessaient son extrême délicatesse, fit un *auto-da-fé* du livre et en aurait fait autant du pauvre curé si la mort ne l'eût, depuis bien des années, soustrait à ses pieuses fureurs.

Rendu à moi-même après tant de disparitions successives, je résolus de reprendre la plume pour m'occuper sérieusement de la marquise d'Épinay, propriétaire du château de la Briche vers la moitié du XVIIIe siècle. Je consultai ses *Mémoires*, les *Lettres* de Diderot, la *Correspondance* de Grimm et les *Confessions* de Jean-Jacques. Il en résulta que je pus composer ce modeste et petit livre à l'usage des touristes qui visitent la belle vallée de Montmorency et des curieux qui voudront connaître une société déjà bien éloignée de nous, et dont nous sommes complétement séparés par les révolutions qu'elle a préparées.

Ah! quand la foule enivrée de bonheur circule en folâtrant autour du beau lac d'Enghien, sur les coteaux et dans la forêt voisine, elle s'occupe peu des personnages célèbres qui l'ont précédée sous ces ombrages. Puisse-t-elle se les rappeler quelques fois, éviter les fautes des uns, les écarts d'imagination des autres, et fournir elle-même aux âges futurs quelques-uns de ces types rares qui permettront à l'historien d'en colorer ses pages ; car ces types sont autant la vie et la splendeur d'un pays que les fleurs qui le parent, que les accidents pittoresques qui le décorent.

Nous trouvons que le domaine de la Briche appartenait en 1740 à M. de la Live de Bellegarde, fermier général et seigneur d'Épinay ; que son château, celui qui existe encore aujourd'hui, en avait remplacé un autre beaucoup plus ancien dont on ne voit plus que la chapelle sur le bord de la terrasse et le colombier que l'on vient de transformer en châlet.

Ce dernier château est peu vaste, car tout le rez-de-chaussée est occupé par un immense salon et une belle salle à manger. C'était la mode, à cette époque de grandes réceptions, de tout sacrifier à ces deux pièces. Les chambres étaient petites ; mais l'aile droite du principal corps de logis se prolongeant dans le jardin à vingt-cinq pas plus loin qu'aujourd'hui, il y avait une infinité de pièces disponibles pour les invités qui venaient passer quelques jours au château.

Les dépendances de ce joli domaine ont subi diverses transformations depuis le commencement de notre siècle. Le fort de la Briche est venu empiéter sur des terrains anciennement couverts de lilas, de roses et de chèvrefeuilles. La route, qui passait le long de la Seine, se voit maintenant contre la grille du château, et l'on a fait disparaître une superbe avenue bordée d'arbres, allant de cette grille à la route de Saint-Denis ; enfin une fabrique de produits chimiques s'est audacieusement implantée sur un coin du parc. Si l'on sortait de l'enceinte, on trouvait plusieurs pièces d'eau ombragées par des bois courant jusqu'aux premières maisons d'Épinay. Ces bois n'existent plus, les étangs ont été desséchés et les terrains livrés au cultivateur qui en obtient les plus riches produits. On peut dire que, si le parc a reçu quelques incommodités de l'établissement du fort et d'une fabrique, le château, la pièce d'eau et la terrasse sont restés intacts, et ont été arrangés d'une manière très-coquette qui prouve en faveur du bon goût de Mᵐᵉ Bourdon, propriétaire actuelle de cette charmante habitation.

Outre le château de la Briche, M. de Bellegarde possédait celui de la Chevrette, qu'il avait acquis de M. le prince de Broglie, et près duquel se voyait un des plus beaux parcs de la contrée. La Chevrette était à quelques pas de la Barre-de-Deuil, à un quart de lieue des coteaux de Montmorency. Ce domaine avait appartenu à la duchesse de Longueville, célèbre par son esprit, sa beauté, ses amours et la vie pénitente de ses dernières années : elle y avait reçu la reine femme de Louis XIII, le cardinal Mazarin et le comte d'Harcourt. Ce fut pendant que ces personnages étaient sur la route de la Barre, pour se rendre à la Chevrette où les attendait une collation préparée par la duchesse de Longueville, que le duc de Beaufort, chef de la cabale des Importants, tenta de faire assassiner le cardinal[1].

Beaucoup de lettres de la marquise, qui seront le principal fil conducteur de notre œuvre, sont datées de la Chevrette ou d'Épinay. Qu'on ne s'y trompe pas, ce dernier nom signifie la Briche.

[1] *Mém. de H. de Campion*, p. 241.

M. de Bellegarde avait deux fils : MM. d'Épinay et de Jully, puis une fille nommée Sophie, qui deviendra la célèbre comtesse d'Houdetot. M. d'Épinay, son aîné, épousa Mlle Émilie d'Esclavelles, fille d'un officier sans fortune et d'une sœur de Mme de Bellegarde. « Sans être jolie, Mlle d'Esclavelles avait une physionomie noble et spirituelle ; son âme se peignait dans ses yeux; elle était intéressante. » Tel est le portrait qu'elle fait elle-même de sa personne et que nous devons accepter, car il est permis, même aux grandes dames, de poser du beau côté.

Émilie faisait un superbe mariage sous le rapport pécuniaire ; Mme d'Esclavelles aurait cependant désiré que sa fille, née d'un bon gentilhomme, ne s'alliât pas à la finance, ou que M. d'Épinay entrât au service. C'étaient les idées de l'époque, que Mme d'Esclavelles finit bientôt par abandonner. M. de Bellegarde donna pour dot à son fils 300,000 livres, et à sa bru pour 2,000 livres de diamants. Le mariage eut lieu en 1745. Émilie avait vingt ans, son mari vingt-deux.

Outre sa dot, M. d'Épinay possédait dans les fermes un emploi assez considérable qui l'obligeait à faire de longues absences : dangereuse épreuve pour un homme si jeune, dont le caractère trop facile devait céder à de fâcheux entraînements. Il négligea Émilie, qui aurait été aussi bonne épouse qu'elle a été bonne mère et fille affectueuse ; il fréquenta des femmes sans mœurs, s'occupant peu de la douleur d'une épouse qui l'adorait et qui n'était payée que d'indifférence et de froideur.

Mme d'Épinay fit part de ses chagrins à la présidente de Meaupou et à Mlle d'Ette, fille de trente ans, méchante et acariâtre, laquelle, vexée de n'avoir pu trouver un mari, s'était liée avec le triste chevalier de Valory, *beaucoup plus âgé qu'elle et qu'elle n'aimait pas*, mais qu'elle avait mission de distraire et d'égayer.

Dans le même temps, la marquise fit connaissance de Mme d'Arty, fille naturelle du riche Samuel Bernard, femme dont la réputation était assez ébréchée, puis celle de M. de Franceuil, receveur des finances, fils de M. Dupin, fermier général. Franceuil ne lui laissa pas d'abord une impression favorable, car, bien qu'il fût grand conteur de riens et qu'il poussât jusqu'à la coquetterie le soin de son ajustement, elle trouva qu'il portait le menton trop en l'air et qu'il était trop poudré.

M. d'Épinay, revenu de la province à Paris, y mena sa vie accoutumée : ses soupers en ville se prolongeaient jusqu'au matin. Il se couchait en rentrant, et sa femme pouvait à peine l'apercevoir avant son départ du lendemain. Pour la dédommager, son beau-père lui prodiguait toutes sortes de soins. « Si mon bonheur, écrivait-elle à Mme d'Arty, dépendait de M. de Bellegarde, je pourrais être heureuse; mais il tient à quelqu'un qui est indigne de me le procurer. »

Elle eut un fils en 1746, la première année de son mariage. Elle pense que ce fils lui ramènera l'affection de son époux : vain espoir, car ce dernier se livre toujours aux mêmes désordres, et la laisse même sans argent pour les choses les plus urgentes. « Il ne conçoit pas, dit-elle, que je dépense tant.

J'ai beau lui représenter qu'avec les 2,000 livres par an qu'il me donne je ne peux *ni jouer*, ni m'entretenir de tout. » Mme de Beaufort, sa parente, lui conseilla de reporter toute son affection sur son enfant : « Soignez-le, faites des projets sur ce marmot ; qu'il ait la figure de son père, j'y consens, mais élevez-le à la d'Esclavelles. »

A cette époque, M. de Bellegarde maria sa fille Sophie à M. le comte d'Houdetot, « jeune homme de qualité, dit Mme d'Épinay, mais sans fortune, joueur, prodigue, laid comme le diable et peu avancé dans le service. » On sera surpris, d'après un tel portrait, que ce jeune homme soit devenu lieutenant général.

M. le marquis d'Houdetot donnait à son fils 18,000 livres de rentes assises sur des terres qu'il possédait en Normandie, et pour 2,000 livres de diamants. M. de Bellegarde, de son côté, dotait sa fille de 300,000 livres, somme égale à celle qu'il destinait à chacun de ses enfants. « Mme la marquise d'Houdetot, dit Mme d'Epinay, était de taille moyenne, âgée de cinquante ans, ne faisait rien sans projet et sans but. Son mari, âgé de soixante-dix ans et vieux militaire, ne ressemblait pas mal au roi de pique par sa taille et son ajustement. Il appuyait la tête sur sa canne, ce qui lui donnait un certain air de réflexion et de méditation. Il répétait les derniers mots de ce que lui disait sa femme, ricanait et montrait des dents qu'on aurait mieux aimé qu'il cachât. »

Mme d'Arty n'approuvait pas cette union, et allait disant partout que la marquise d'Houdetot était une joueuse de profession, ainsi que le comte son fils, et que leur maison était une bohême. Le comte, à peine âgé de vingt-deux ans, était trop jeune pour comprendre dans quels nœuds on l'engageait en lui faisant épouser une fille de plus de vingt ans. Ces âges ne se conviennent guère, car les femmes s'attachent moins à la jeunesse qu'à l'expérience et aux qualités de leurs maris.

Mme d'Épinay accoucha d'une fille le 4 août de l'année suivante (1747). Mlle d'Ette vint s'établir chez elle. Sa porte fut ouverte à quelques intimes, au nombre desquels nous voyons le chevalier de

Valory et M. de Franceuil, dont les vues se devinaient aisément. Mlle d'Ette se prêtait à ce manége, et, quand Mme d'Épinay lui parlait de sa lassitude et de ses ennuis, elle ne manquait pas de l'attribuer à l'isolement de son cœur, à l'indifférence coupable de son époux. Mme d'Épinay comprit en soupirant « qu'une fille d'expérience et de réputation comme l'était Mlle d'Ette, à laquelle on *n'avait jamais attribué qu'un amant,* pourrait bien avoir raison ».

La première lettre de la marquise est du 5 avril 1748 et datée d'Épinay, où elle était venue passer quelques jours avec M. de Bellegarde. Son mari lui amena, dès le lendemain, M. de Franceuil. Elle fut très-satisfaite de ce dernier, « car il composait de charmante musique et sa conversation était pleine d'intérêt ; » elle avoue n'avoir jamais passé de moments plus agréables que durant le peu de jours qu'il lui consacra. Elle ne trouvait plus qu'il eût le menton trop en l'air, chose difficile à réformer ; peut-être était-il moins poudré.

Le lendemain, le marquis partait pour un voyage

qui devait durer six mois. La position devenait tendue. M. d'Épinay, en introduisant chez lui ce premier larron à titre de meilleur ami, n'aurait-il pas contribué lui-même à ce que nous appellerions son malheur s'il eût attaché quelque prix aux affections de son épouse ?

Bref, il arriva ce que l'on peut prévoir à la suite de visites multipliées : l'intimité s'établit grâce aux pernicieux conseils de Mlle d'Ette. La marquise, dédaignée par son mari, avait besoin de douces expansions; mais elles devaient lui coûter cher, car elle n'était pas de ces femmes agaçantes et frivoles qui, dépourvues de cœur, se font un jeu de torturer celui des autres et de compromettre impunément le bonheur et la tranquillité de leurs victimes.

Elle ne cache aucune circonstance de cette liaison, qui commença sous de fâcheux auspices pour l'un et l'autre grâce à l'inconduite de M. d'Épinay. Elle aurait pu nous épargner ces détails, mais elle était froissée; et nous devons dire, sans vouloir toutefois l'excuser, que ses plaintes étaient fondées puisqu'elle n'hésite pas elle-même à dévoiler ses propres faiblesses.

On vit bientôt à la Briche Mme d'Houdetot, Saint-Lambert, Duclos, Gauffrecourt et Rousseau, puis quelques femmes de l'intimité de M. de Bellegarde et de Mme d'Épinay. Faisons connaître ces personnages, qui figureront assez souvent dans le cours de notre récit.

Saint-Lambert, poëte et militaire, « avait, dit Marmontel, avec une politesse délicate et froide dans la conversation, le tour élégant et fier qu'on remarque dans ses ouvrages ; sans être gai, il s'animait de la gaieté des autres, et, dans un entretien, personne ne causait avec une raison plus saine, ni avec un goût plus exquis. Ce goût était aussi celui de la petite cour de Lunéville, où il avait débuté et dont il conservait le ton. »

Duclos, venu de Dinan, ville de Bretagne, à Paris, fréquenta Piron, Crébillon, Boindin, l'abbé Térasson, et se posa au milieu d'eux avec un tel esprit de critique et de dissertation qu'ils le firent entrer à l'Académie.

Gauffrecourt était Genevois et avait la fourniture des sels dans le Valais. C'était un homme haut de quatre pieds et d'une grosseur fabuleuse. Sa franchise était proverbiale ; il ne cachait rien à ses amis, pas même son gros ventre qu'il aurait bien voulu dissimuler. Sa tenue était irréprochable et le bouton de sa chemise scintillait entre des plis correctement arrangés. Bon compagnon, du reste, et aimable convive, il ne discutait jamais les dépenses de son cuisinier : c'était l'usage parmi les hauts employés qui avaient l'honneur d'appartenir à la ferme générale.

Il aurait été toute sa vie l'ami de Rousseau si, dans un moment d'erreur, il n'eût tenté de lui ravir sa Thérèse. C'est le seul reproche que le philosophe lui ait vivement adressé.

Rousseau, fort obscur alors et présenté à la marquise d'Épinay par Franceuil, deviendra le personnage le plus important de cette coterie lettrée et fera passer les autres au second plan. Le goût qu'il partageait avec Franceuil pour la musique les avait intimement liés. Celui-ci le présenta à sa belle-mère, la célèbre Mme Dupin, qui était de même âge que son beau-fils, et à M. de la Popelinière, fermier général dont la femme est arrivée à une triste célébrité par ses galanteries avec le duc de Richelieu. Mme Dupin pourvut aux besoins de Rousseau en échange de petits services littéraires qu'il lui rendait, et daigna même l'admettre, en 1747, dans les parties de Chenonceaux, beau château de M. Dupin, bâti par Henri II pour Diane de Poitiers. Il y composa, en quinze jours, son *Engagement téméraire*, qui fut joué par la société du château. L'indiscret Franceuil fit alors la confidence à Rousseau de ses liaisons avec Mme d'Épinay, et entra même dans certains détails que ne devrait jamais se permettre un homme d'honneur et bien élevé. C'est peut-être à ce mauvais exemple que Rousseau dut l'idée malhonnête de ses *Confessions*.

Celui-ci, dont les originalités ne tarderont pas à se faire connaître, devint, chose incroyable, amoureux fou de Mme Dupin. Il lui trouvait un teint éblouissant, de beaux cheveux et des grâces parfaites. Il avait raison ; mais, vivant de ses libéralités, ce n'était pas à lui de s'apercevoir de ces choses-là.

On le pria de ne point faire de visites trop fréquentes. Franceuil se chargea du compliment. Ils n'en restèrent pas moins amis et suivirent ensemble un cours de chimie. Ce fut même par le crédit de Franceuil et du ténor Jelyotte que Rousseau parvint à faire jouer ses *Muses galantes* à l'Opéra.

Le fils de Mme d'Épinay grandissait. Il était temps de songer à son instruction. La marquise détestait le collége, « où les enfants sont menés en vertu de la même discipline sans songer à leurs aptitudes et à leurs tempéraments divers ». Il semblerait que ce passage de ses mémoires aurait été retouché après la lecture de l'*Émile*.

La volonté du père l'emporta. « Cet homme, dit-elle, qui n'a pas le sens commun, qui, de sa vie, n'a réfléchi sur rien, résiste aux raisons les plus fortes et à l'évidence envers moi. Il y a quatorze jours qu'on n'a entendu parler de lui dans la maison que par les assignations qu'on y apporte sans cesse. » Elle se fit conduire, le cœur serré, à la Briche, afin de ne pas assister au départ de son fils pour le collége. Mlle d'Ette, trop occupée des ennuis et des affaires de son vieux chevalier, ne put l'accompagner. Franceuil fit de même ; mais il promit tous les moments dont son père ne disposerait pas.

Alors, M. d'Épinay faisait des scènes à sa femme toutes les fois que Franceuil venait la visiter, et c'était lui-même qui le recherchait et l'amenait à la Briche quand il avait été deux jours sans le voir. Sa conduite était en parfaite contradiction avec la jalousie qu'il affectait ; car il prodiguait l'argent, les diamants, les dentelles à ses maîtresses et introduisait chez lui toutes sortes de vauriens, entre autres un certain chevalier de Canaples avec lequel il faisait des orgies, et dont la conduite envers Mme d'Épinay fut d'autant plus odieuse qu'elle semblait être approuvée de son mari.

Un jour, il fut arrêté promenant dans Paris une femme déguisée en homme, et conduit à la police où M. de Bellegarde alla le réclamer. Alors Mme d'Épinay demanda sa séparation du consentement de son beau-père, et resta avec 15,000 livres de rentes dont elle put disposer pour l'entretien de sa maison et celui de ses enfants. Cette somme représentait plus du double de ce qu'elle vaudrait aujourd'hui.

Sa première sortie fut pour aller dîner chez Mlle Quinault. Mlle Quinault, née en 1700, était une ancienne actrice du Théâtre-Français où elle avait joué les soubrettes avec la plus grande distinction. Elle recevait à sa table Voltaire, d'Alembert, Duclos, Diderot, d'Argenson et Rousseau. On y tenait des conversations brillantes et souvent hasardées touchant la morale et le droit public.

Son esprit était supérieur. Elle donnait des conseils à Voltaire lui-même, qui l'appelait sa *souveraine*. C'est elle qui lui fournit le sujet de l'*Enfant prodigue*, et qui corrigea certains passages de *Mahomet* et de *Zulime*.

Personne n'a parlé mal de ses mœurs, ce qui ne veut pas dire qu'elles fussent irréprochables; mais elle y apportait la plus grande circonspection. Mme d'Épinay est la seule qui ait jeté du ridicule sur ses réunions, et ce n'est pas sans motif, si le tableau qu'elle en fait n'est pas chargé.

La marquise se trouva à ce dîner avec Saint-Lambert, l'académicien Duclos et le prince de Beauvau, qu'on est étonné de voir en si libre compagnie. La conversation s'engagea et devint tellement décolletée au dessert que Mlle Quinault jugea convenable de renvoyer sa nièce et ses domestiques. Que d'idées philosophiques extravagantes furent émises ! L'athée Saint-Lambert pérora, Duclos répondit. Mme d'Épinay, qui entendait de si belles choses, a jugé à propos de les passer sous silence, en laissant une lacune à son manuscrit.

Quelqu'un apporta, tandis qu'on était à table, une nouvelle poésie de Voltaire pour en faire la lecture à la société. On s'écria qu'elle devait briller par le *bel esprit*. — Dites par le *méchant esprit*, répliqua Mlle Quinault.

Il y avait, comme on voit, des hommes à l'affût des nouveautés littéraires dont l'existence consistait à s'introduire dans les réunions pour en donner la primeur.

Quand Duclos entendit parler de Voltaire, il rugit et s'écria : « Voltaire est un homme sans foi. Il en fera tant qu'il armera quelque jour un flibustier qui n'aura rien à perdre et qui portera le feu dans ses riches possessions. Ce sera bien fait ! » Cette prédiction devait se réaliser plus tard contre ceux qui possédaient, et l'encyclopédiste Duclos avec ses ouvrages plus incendiaires que philosophiques y aura lui-même contribué. Mme d'Épinay se retira en faisant la sage réflexion « que, quand on veut se donner la peine de détruire des croyances consacrées par le temps, il faut au moins les remplacer par quelques principes, et non par des opinions variables selon les cerveaux qui les conçoivent. »

Peu de jours après, on alla s'établir à la Chevrette, autre château, avons-nous dit, de M. de Bellegarde, voisin de Deuil. On y jouissait de la plus grande liberté. On se visitait de chambre en chambre ; on faisait de la musique dans celle de Mme d'Épinay. Franceuil jouait du clavecin ; les auteurs lisaient quelques passages de leurs productions ; puis venait l'heure de la promenade : les uns allaient respirer autour de la pièce d'eau ou se promener sous les grands arbres du parc. Le soir, on se réunissait à un souper dont les aimables causeries se prolongeaient généralement jusqu'à minuit. Prenait qui voulait son repas dans sa chambre. Chacun pouvait s'y retirer à l'heure qui lui convenait. Il n'y avait pas moins de douze à quinze domestiques pour le service d'une pareille maison, qui ne différait en rien de celles de tous les autres fermiers généraux.

Enfin, pour donner quelques distractions à sa famille et à ses amis, M. de Bellegarde fit construire un joli théâtre dans son château. La troupe était composée de Mme d'Épinay, de Mme d'Houdetot, de M. de Meaupou et de M. de Jully, second fils de M. de Bellegarde. On commença par répéter l'*Engagement téméraire*, que Rousseau avait composé à Chenonceaux. Rousseau était à la Chevrette. On le jugea comme un homme de beaucoup d'esprit, un peu singulier, complimenteur sans être poli, et paraissant ignorer les usages du monde. « Il a le teint brun, dit Mme d'Épinay ; des yeux pleins de feu animent sa physionomie ; lorsqu'on le voit il paraît joli, mais lorsqu'on se le rappelle il est toujours laid. On prétend qu'il a des souffrances qu'il cache avec soin et qui lui donnent un air farouche. »

On faisait des répétitions qui amusaient tout le monde. Un rôle fut offert à Rousseau ; mais il s'en acquitta si mal qu'on ne lui en reparla plus.

Gauffecourt, avec sa pesante tournure, divertissait les dames, dont il s'éprenait tour à tour. Tous ensemble formaient un groupe d'amoureux dont Mme d'Épinay s'échappait pour donner à son fils et à sa fille des leçons de musique, de lecture, et pour leur *apprendre le catéchisme*. Singulier contraste ! Illusion funeste commune à beaucoup de femmes qui croient racheter leurs fautes par l'accomplissement rigoureux de certains devoirs propres à masquer leurs faiblesses aux yeux du monde.

Mme P... vint sur ces entrefaites. C'était une grosse femme toute ronde, ayant le nez rouge et rongeant ses ongles. La marquise lui destina les rôles de commères : elle accepta ; mais, son nez ayant plus rougi le lendemain qu'à l'ordinaire, elle fut obligée de résilier son emploi. Ce qui vint enfin tout gâter fut l'arrivée de Duclos. Personne ne voulait jouer devant lui. Mlle d'Ette l'avertit du désordre qu'il causait. Duclos, généralement grossier dans le monde, appelait cela de la franchise. Il prétendait donner des conseils à Mme d'Épinay, s'emparer de sa confiance, et, ce qui était peu digne d'un vertueux philosophe, lui tracer une règle de conduite envers Franceuil, auquel il aurait bien voulu se substituer. Comme on avait peur de lui, on résolut de le ménager. Mlle d'Ette, dont la fortune était en mauvais état et qui aurait désiré former des liens plus utiles que ne lui étaient ceux du chevalier de Valory, fit quelques tentatives du côté de Duclos; mais, n'ayant pu réussir, elle lui voua une de ces haines dont les femmes seules ont le secret envers ceux qui commettent le crime impardonnable de rester sourds à leurs agaceries.

Après les répétitions vint la comédie. Franceuil était ivre de joie du succès de Mme d'Épinay. Duclos prétendait qu'avec plus d'habitude elle serait la première actrice qu'il eût jamais vue. Mme de

Meaupou joua le rôle de Marton avec une verve si démoniaque que son mari lui défendit de continuer.

Voici l'appréciation de Mlle d'Ette dans sa missive au chevalier de Valory sur Rousseau et sur l'*Engagement téméraire* : « L'auteur est pauvre comme Job, mais il a de l'esprit et de la vanité comme quatre. Sa mauvaise fortune l'a forcé de se mettre quelque temps aux gages de Mme Dupin, belle-mère de Franceuil. Sa pièce marche bien. Mme d'Esclavelles et M. de Bellegarde rient aux larmes, ils sont rajeunis de dix ans. »

Franceuil tournait la tête à toutes les jeunes femmes. Mme d'Épinay ne s'en offusquait pas, se croyant sûre de son affection. Leur intimité donna de l'inquiétude à Mlle d'Ette. Elle eut peur qu'il ne se formât quelque orage sur la tête de la marquise, car ses liaisons étaient soupçonnées, et la part qu'elle y avait prise lui fit craindre d'en recevoir quelques éclaboussures. « Que va devenir Émilie, dit-elle, car Franceuil part dans huit jours ? »

Mme d'Épinay reçut, à Paris, la visite de Duclos,

qui continuait à la pourchasser sans scrupules envers son ami Franceuil, qui l'avait introduit dans la place. La voyant triste, il lui en demanda la cause, et lui proposa de la conduire à la Meute pour lui procurer quelques distractions. Il espérait qu'elle lui ferait ses confidences et lui conterait ses chagrins. La conversation s'échauffa. Duclos lui baisa la main avec une apparence d'intérêt, et lui fit une déclaration passionnée à laquelle elle répondit froidement. Duclos se retira furieux. Un quart d'heure après, Franceuil arrivait chez la marquise. On juge quel dut être le sujet de leur entretien !

Mme d'Épinay revint à la Chevrette. Les fêtes furent reprises, mais l'état de son âme était changé. Franceuil allait bientôt partir. Elle était lasse, disait-elle, de ce *brouhaha* et préférait la solitude.

L'orage prévu par Mlle d'Ette ne tarda pas d'éclater. M. d'Épinay écrivit à sa femme qu'il savait tout, même ses veilles cachées, et lui conseillait de ménager ses dupes. Émilie, terrifiée, craignit une indiscrétion de Mlle d'Ette et lui en fit d'amers reproches. Mlle d'Ette se justifia du mieux qu'elle put, et conseilla à la marquise de faire bonne contenance et de crier plus haut que son mari. Mme d'Épinay se plaignit à M. de Bellegarde de la conduite indigne de son fils en termes si chaleureux que Mlle d'Ette la félicita de sa décision et de l'adresse qu'elle avait montrée « pour contenir tous ces gens-là ».

Cette lettre de M. d'Épinay à sa femme fut suivie d'une foule d'autres adressées à M. de Bellegarde et à Mme d'Esclavelles, sa belle-mère, qu'il accusait d'être les auteurs de son éloignement. M. de Bellegarde vit qu'il était temps d'assurer par une substitution le sort de ses petits-enfants. Mme d'Épinay était inquiète quand Duclos survint. On alla se promener; il lui offrit le bras pendant que Francœuil offrait le sien à Mlle d'Ette. Mme d'Épinay, parlant à Duclos des plaintes de son mari, en reçut le conseil de lui répondre qu'il était cause par son inconduite des fautes qu'il lui reprochait. La marquise eut le tact de se révolter en disant que ce langage était aussi dur pour elle-même que pour son mari. On changea de conversation. Duclos lui demanda depuis combien de temps elle connaissait Rousseau. — Il y a un an à peu près, quand M. de Franceuil me l'amena pour jouer la comédie. — Mauvais emploi ; c'est un méchant acteur ; au surplus profitez-en, car il est peu galant avec les femmes. — Je trouve qu'il a de l'esprit. — Je le crois, et vous verrez un jour cet homme faire un bruit du diable. — Comment alors est-il dans une situation si malheureuse. Pourquoi n'écrit-il pas ? — Il faut être heureux pour écrire, sans quoi l'on ne fait rien de bon. C'est peut-être aussi par sa faute qu'il n'est pas mieux, ajouta Duclos. Pourquoi a-t-il de l'humeur comme un dogue ? — Telles étaient les appréciations des amis de Rousseau sur son caractère, alors qu'il débutait parmi les gens de lettres de Paris et demeurait dans la rue qui a pris son nom.

On se mit à table pour déjeuner. Mlle d'Ette renouvela sans fruit ses avances à Duclos. Ils finirent par se persifler l'un et l'autre, si bien qu'elle fut obligée de rester fidèle à la triste figure de son chevalier. Comme elle ne le voyait que de loin en loin et à son corps défendant, cela parut surprenant à Mme d'Épinay. Mlle d'Ette, fille très-expérimentée, lui démontra qu'il y avait toujours quelque chose à gagner à se voir le moins souvent possible ; que le chevalier avait ses défauts, elle aussi ; que, quand tout cela se combine de près et tous les jours, l'indulgence disparaît pour faire place à l'aigreur ; que M. de Valory n'était plus de la *première jeunesse*. Le mot était lancé. Après beaucoup de phrases aussi morales que les précédentes et quelques encouragements donnés à la marquise, l'exécrable Mlle d'Ette termina son caquetage en disant : « Rousseau arrive aujourd'hui, et vive la joie ! » Il vint, en effet, avec Gauffrecourt, Franceuil et le chevalier de Valory, dont Mlle d'Ette *savait si bien se passer*.

Franceuil était parti de la veille pour sa terre de Chénonceaux. Mme d'Épinay, au comble de la désolation, lui mande, dans sa première lettre, que Rousseau doit revenir la voir le jour suivant ; qu'elle trouve beaucoup de douceur dans sa conversation, car il l'entretient toujours de son ami Franceuil, auquel il porte un véritable intérêt. Il lui avait raconté ses malheurs d'une manière originale, parlé de ses démêlés avec M. de Montaigu, ambassadeur de France à Venise, qui l'accusait d'avoir vendu le chiffre de l'ambassade, ce qui l'avait forcé de venir à Paris, où il avait la perspective d'être pendu. Ces précédents de Rousseau ne sont pas de notre sujet et se lisent dans ses *Confessions*, que l'on pourra consulter si l'on veut s'enquérir de sa jeunesse, de ses liaisons romanesques, de ses premiers travaux, qui l'avaient mis en évidence avant son arrivée dans la capitale et dans la vallée de Montmorency.

Cependant les plaintes de M. d'Épinay continuaient; il prétendait que sa femme, pour être libre, était cause de l'exil dans lequel on le tenait depuis trois mois. Mlle d'Ette conseilla à la marquise de terminer par un coup d'éclat en disant hautement qu'elle renonçait à voir M. de Franceuil. Mme d'Épinay adopta ce parti dans l'intérêt de ses enfants et d'après les conseils du volage Franceuil lui-même, qui lui écrivait : « N'hésitez pas un instant, mon aimable amie; je le veux, je l'exige par toute la tendresse que nous avons l'un pour l'autre, et qui ne finira qu'avec nous. » On ne pouvait mentir de meilleure grâce.

Alors arriva M. d'Épinay avec des dispositions peu bienveillantes. Il caressa sa fille, trouva que son fils avait l'air d'un polisson mal élevé et parla de le renvoyer au collége en lui donnant un précepteur. Il demanda si l'on jouait toujours la comédie et quels étaient les acteurs? Sa femme les lui nomma, et au nom de Francueil il demanda *comment il se portait.*

Le précepteur que M. d'Épinay avait arrêté pour son fils était Linant, que Rousseau mentionne dans ses *Confessions*. Linant portait le petit collet et n'était pas prêtre. Il paraissait fort doux et parlait peu. La marquise trouva qu'il vantait trop sa délicatesse et craignit que ce ne fût une bête.

M. d'Épinay repartit bientôt pour aller gérer son emploi. Pendant son séjour à Paris, la correspondance de la marquise avec Francueil continuait par l'entremise de Mlle d'Ette, qui venait d'avoir une altercation assez vive avec M. de Valory et prétendait que ses querelles avec le chevalier n'étaient que du radotage dont elle serait fâchée de se souvenir.

Cependant Franceuil, déjà las de ses chaînes, n'écrit plus que des fadaises à la marquise. Ses expressions sont contraintes, niaises et mal colorées par des mensonges forcés. Mme d'Épinay s'aperçut de sa froideur dans une visite qu'il lui fit à son retour de Chénonceaux, mais elle pensa qu'il voulait rester dans une sage réserve, commandée par leur position. On se vit encore quelquefois, mais la maladie de M. de Bellegarde vint apporter à ce genre de sentiments une utile diversion.

Elle ne fut pas plus tôt connue que M. d'Houdetot, son gendre, qui n'avait eu que des mauvais procédés pour lui, vint se loger dans un cabaret voisin de la Chevrette ; mais, dès qu'il vit son beau-père mourant, il s'établit dans la maison même, avec un valet de chambre qui ressemblait plus, dit Mlle d'Ette, à un procureur normand qu'au valet de chambre d'un talon rouge. Le comte faisait des questions à perte de vue, annonçant des procès si les dispositions du *bonhomme* ne lui convenaient pas. Mme d'Houdetot fit tout ce qu'elle put pour qu'il ne se présentât pas devant son père afin d'éviter la révolution qu'il pourrait lui causer.

M. de Bellegarde ne tarda pas à mourir. Il fut inhumé dans l'église d'Épinay, auprès de la sépulture de son épouse. Son second fils, M. de Jully, et M. d'Houdetot menaient le deuil. Le corps fut déposé au pied de l'escalier actuel de la tribune où l'on voit contre la muraille une pierre blanche commémorative de celle qui fut détruite en 1793. Cette nouvelle inscription due à la pitié filiale, en 1807, ne peut avoir été érigée que par Mme d'Houdetot.

Cette mort ne fut pas plus tôt connue que les créanciers de M. d'Épinay abondèrent. Deux avaient même laissé des assignations du vivant de M. de Bellegarde.

Vinrent les partages de la succession, et se fût-il agi d'un royaume, M. d'Houdetot n'aurait pas montré plus de défiance qu'il ne le fit alors. Il revint à M. d'Épinay comme aîné 1,800,000 livres. M. de Jully et Mme d'Houdetot en eurent chacun 1,400,000. Toute la portion de M. d'Épinay avait été substituée à ses enfants.

Mme d'Esclavelles quitta la maison de sa fille, ne

pouvant s'habituer aux désordres de son gendre. Elle se livrait aux exercices d'une piété éclairée qui toucha le cœur de la marquise. Celle-ci aurait bien voulu l'imiter : « Mais il me faudrait, disait-elle, pour cela tout ce que je n'ai pas; » probablement un mari qui l'eût aimée et assez de force de caractère pour se dégager des malheureuses liaisons qu'elle avait contractées.

Le moment était peut être favorable, car Franceuil, guéri de son caprice, allait de mal en pis et se grisait. Il avait même si peu conscience de ses actes qu'il perdit une lettre de la marquise, qui pensa tomber dans les mains de son mari. Il faisait des orgies et des parties de plaisir avec M. d'Épinay, son meilleur ami.

La marquise, qui ne le voyait plus que rarement, le rencontra cependant un jour chez Mme de Courval, à laquelle les mémoires donnent le nom de Vercel que nous conserverons religieusement, et lui fit des reproches de ses mauvaises habitudes. Elle fut assez contente de sa justification : il s'étourdissait, disait-il, du chagrin qu'il éprouvait de vivre sans elle. Il allait lui conter quelques histoires scandaleuses, selon son habitude, quand elle l'interrompit en lui conseillant de croire en Dieu Mme d'Épinay revenait quelquefois à la dévotion de sa première jeunesse, porte de dégagement pour les femmes délaissées ou dont le cœur trop tendre a subi de cruelles déceptions. Les scrupules satisfont l'amour-propre et fournissent un moyen naturel de rompre avec le passé.

M. le comte d'Houdetot avait acquis une terre en Normandie du vivant de M. de Bellegarde, bien qu'il eût été stipulé dans son contrat de mariage qu'il n'en achèterait pas dans cette province. Il avait manqué à ses engagements; mais peu lui importait avec le *bonhomme*. Cette terre, bien que très-belle, etait d'un accès fort difficile, car on ne pouvait y arriver que par eau. La comtesse, devant bientôt s'y rendre, engagea Mme d'Épinay à venir y passer quelques jours avec elle. Celle-ci n'aurait pas demandé mieux, mais comment se séparer de ses enfants et de Franceuil? Cependant Duclos lui conseillait de rompre avec ce dernier, prétendant qu'il ne méritait pas son affection. Loin de l'écouter, elle trouva que ses attentions étaient, pour une femme, aussi cruelles que sa haine.

Avant d'avoir pris une décision au sujet de son voyage, elle désira voir son fils dont le précepteur ne lui paraissait pas à la hauteur de sa mission, car l'enfant ne savait seulement pas rendre compte de ce qu'il apprenait. Elle voulut consulter Rousseau et s'en rapporter à lui seul. Rousseau était absent. Elle requit Duclos qui, dans un interrogatoire qu'il fit passer au pauvre Linant, commença par lui demander comment il avait été élevé lui-même, chose essentielle à savoir au sujet de ceux qui ont la prétention d'élever les autres. Linant, assez bon homme au fond, lui dit qu'il était le fils de l'intendant du marquis D...; qu'il avait été destiné à la prêtrise; mais que, n'ayant aucune vocation, il jouissait d'un bénéfice de 500 livres que lui avait fait obtenir son protecteur. Duclos lui fit, touchant l'éducation, une foule de questions embarrassantes auxquelles Linant ne sut rien répondre. Linant, appartenant à la vieille école, ne pouvait naturellement pas s'entendre avec un philosophe. Duclos, à bout d'arguments et voyant que sa logique n'aboutissait à rien, reprocha à son interlocuteur son peu de tenue ; car lorsque Mme d'Épinay et lui étaient entrés dans sa chambre ils l'avaient trouvé lisant étendu sur deux chaises et sans perruque. Linant avoua ce tort, ce dont on lui sut bon gré, et reprit sa perruque, sans laquelle il promit de ne jamais reparaître devant son élève. Singulier résultat d'un examen philosophique qui devait être si sérieux.

On quitta le collége pour aller dîner au somptueux hôtel de la marquise, rue Saint-Honoré. M. d'Épinay avait monté sa maison de manière à se ruiner. Il n'avait pas moins de seize domestiques. Son antichambre était toujours pleine de maquignons, de filles qui venaient lui demander sa protection pour entrer à l'Opéra, de marchands et de musiciens qui le consultaient sur leur talent comme s'il y eût entendu quelque chose. Quand la marquise quittait le salon, elle était obligée de passer au milieu de cette cohue. Deux laquais ouvraient les battants de la porte pour la laisser sortir et criaient dans l'antichambre : « Madame ! Messieurs, voilà Madame ! » Tout le monde se rangeait en haie. Elle aurait voulu, dit-elle, passer par le trou d'une aiguille ; mais il lui fallait affronter cette troupe de marchands d'étoffes, d'instruments et de bijoux, cette foule de colporteurs, de laquais, de décrotteurs et de créanciers.

Après avoir donné son temps à tout ce monde, M. d'Épinay recevait son secrétaire qui venait lui parler d'affaires sérieuses ; sa réponse était toujours : « Nous verrons cela ; » puis il décampait, courait le monde, les spectacles, et soupait en ville.

Un jour qu'il parut satisfait de son fils, il lui donna un petit vêtement très-riche et très-coquet. L'enfant, fort heureux, l'ayant fait voir à Rousseau, celui-ci ne voulut pas le regarder et s'écria le plus sérieusement du monde : « Monsieur, je ne me connais pas en clinquant ; j'étais très-disposé à causer avec vous, maintenant je ne le suis plus. » Haute leçon de philosophie envers un enfant de huit ans !

Cependant Mme d'Épinay ne tarda pas à s'apercevoir que Franceuil papillonnait autour de Mme de

Vercel, et que Jélyotte, haute-contre de l'Opéra, renvoyé par une duchesse, s'en consolait avec Mme de Jully, sa belle-sœur, qui se plaignait depuis longtemps des froideurs de son époux. Cette bande d'étourdis allait accompagner Mme d'Houdetot en Normandie. La marquise se tourmenta du départ de Franceuil, sachant qu'il serait assis dans le carrosse devant Mme de Vercel. M. d'Épinay proposa à sa femme d'aller rejoindre Mme d'Houdetot. Elle ne savait quel parti prendre, surtout quand son mari lui eut appris qu'il la conduirait dans une petite voiture où il serait en tête-à-tête avec elle. Gauffrecourt s'offre de les suivre. Duclos intervient, et, toujours moralisant à sa manière, il dit à Mme d'Épinay qu'elle va faire une partie folle, indécente, car tout le monde dira qu'elle court après Franceuil; qu'il fallait que Gauffrecourt n'eût pas le sens commun pour les accompagner.

Les remontrances intéressées de ce second larron n'eurent aucun succès. On partit. La première course fut silencieuse. M. d'Épinay s'endormit. Gauffrecourt devinait les pensées qui bouleversaient l'âme de la marquise. Ils se parlaient par signes. Après le dîner, Gauffrecourt passa dans sa chaise et laissa Mme d'Épinay en tête-à-tête avec son mari. Celui-ci commença par lui débiter toutes sortes de galanteries qui lui déplurent et l'empêchaient de rêver au bonheur qu'elle entrevoyait. Il la sollicita de revivre avec lui, car il ne l'avait jamais tant aimée. Elle fut inflexible et lui reprocha la fausseté de sa conduite. Enfin, après un voyage qui lui parut d'une longueur insupportable, Mme d'Épinay revit Franceuil et s'aperçut, à ses airs d'indifférence, qu'il ne l'aimait plus. Mme de Vercel portait au doigt la bague qu'il avait toujours refusée à la marquise, et lui-même portait celle de Mme de Vercel.

Dans une entrevue que le volage eut avec Mme d'Épinay, et qu'elle avait probablement désirée plus que lui, il fit tout ce qu'il put pour se justifier, prétendit qu'il l'aimait toujours, que l'histoire de la bague n'était qu'une plaisanterie, et qu'elle cesserait à la première occasion. La marquise crut encore une fois aux belles protestations de Franceuil et revint à Paris, se berçant de ces douces illusions que la Providence accorde toujours aux cœurs blessés; transition nécessaire de nos joies aux chagrins qui nous attendent.

Peu de jours après, Mme de Vercel vint passer une journée à la Briche. Combien était gros le cœur de la marquise en présence de sa rivale, combien il lui fallut d'adresse pour lui arracher quelques aveux ! Mme de Vercel, jeune, séduisante et naïve, lui dit qu'elle n'aurait jamais soupçonné ses liaisons avec Franceuil, car il la poursuivait elle-même depuis plus de six mois de ses importunités ; qu'elle n'avait pas cédé, vu qu'elle aimait M. de W..., qui aurait la préférence si son mari continuait à la délaisser.

Mme d'Épinay, tirant de ces aveux la conclusion qu'elle n'avait plus rien à aimer dans le monde, appela l'abbé Martin, son directeur, le pria de diriger sa conduite, car elle était résolue de penser sérieusement à son salut. Elle lui parla de ses chagrins à cœur ouvert, et du désir qu'elle avait de se jeter dans un couvent. L'abbé lui répondit qu'il n'avait aucune confiance dans ces conversions prématurées ; que l'on doit tirer le meilleur parti possible des situations où la Providence nous a fait naître ; qu'il faut enfin mener une vie solitaire par amour de Dieu et non par le dégoût de ses semblables, afin que ce retour soit durable ; car, si l'on vient à lui par le mépris du monde, on ne peut revenir au monde que par le mépris de Dieu.

Le moment le plus critique fut celui où Mme d'Épinay se vit obligée de parler de Franceuil. Elle se cacha la tête dans les mains et avoua que son dépit provenait de la perte du cœur de cet ami auquel elle avait tout sacrifié.

« Je ne suis plus étonné, lui dit l'abbé, de vos projets de réforme et j'ai moins de confiance que jamais dans leur solidité. Je pense que, la personne dont vous me parlez étant reçue familièrement parmi les vôtres, ce serait sottise que d'afficher une rupture, et une sottise déshonorante ; qu'il faut bien la recevoir et ne pas se trouver seule avec elle ; qu'il importe de l'éloigner insensiblement et de la traiter comme les autres amis, sans aucune distinction. »

Cette dernière clause aurait été difficile à observer si la conduite de Franceuil n'en eût facilité les moyens. Dès le lendemain, il vint s'établir à la Briche avec Rousseau et Gauffrecourt et ne chercha pas à voir Mme d'Épinay en particulier; il se promenait en tête-à-tête avec Rousseau, devenu son confident. Bien que la marquise fût décidée à suivre les conseils de l'abbé Martin, elle ne pouvait néanmoins s'habituer à tant d'indifférence.

Pendant que ces choses se passaient, son mari achetait dans le village d'Épinay une petite maison où il fit des dépenses folles pour y installer, sous des noms d'emprunt, deux actrices qu'il s'était permis de présenter au curé comme des femmes très-honorables. Ce curé était l'abbé Pourez, mort en 1826, dans sa 94e année, après être resté plus de soixante ans dans la paroisse. Il vivait en bonne intelligence avec les Jésuites et les philosophes, et fréquentait assez la Briche et la Chevrette pour être au courant de ce qui s'y passait, si bien que quand parurent les mémoires de la marquise il prétendit malicieusement qu'elle n'avait pas tout dit.

Mlle Quinault, avec laquelle nous avons déjà fait connaissance, étant sur le point de se retirer à Saint-Germain, où elle se promettait une vie moins bruyante et plus facile qu'à Paris, donna son dîner d'adieu. Mme d'Épinay fut priée avec Duclos, Rousseau, Saint-Lambert et le monsieur qui faisait métier de lire des morceaux inédits de Voltaire. « Bientôt arriva un abbé grand mangeur, grand braillard, bien venu chez les duchesses qui savaient utiliser ses talents, » puis un médecin que cette société bouffonne nommait le docteur *A-Ka-Kia*, lequel avait les ridicules et le pédantisme des médecins de Molière.

On se mit à table. A peine Mlle Quinault avait-elle pris son potage que le docteur, mécontent de ce qu'elle avait oublié ses prescriptions, lui cria : « Mademoiselle ! quinze grains de rhubarbe ! » Tout le monde partit d'un éclat de rire. Le médecin assura qu'il valait mieux faire des remèdes inutiles ou contraires à la santé que de n'en pas faire du tout. On déraisonna sur la philosophie; les paradoxes se succédèrent. Duclos déploya un cynisme révoltant. Chacun voulant faire valoir son bel esprit, on arriva à une telle hauteur d'irréligieux sophismes que

Jean-Jacques prit son chapeau pour s'en aller, ne voulant pas, dit-il, entendre de tels propos *destructifs de toute religion et prônant l'athéisme.*

Bientôt survint le prince de Beauvau, friand de ces réunions échevelées. Mlle Quinault s'écria en le voyant entrer : « Vous avez l'air d'un beau Philistin ; je vous présente Mme d'Épinay, qui a bien voulu nous faire l'honneur de manger le *fricot* avec nous. »

La présentation parut risible à la marquise. On servit le dessert ; le prince ne voulut rien prendre. Un officier qui l'accompagnait chanta des chansons poissardes avec les gestes et la contenance convenables au sujet. « Ce fut plaisant. »

Duclos, le prince, Rousseau et Saint-Lambert s'en allaient quand Mlle Quinault pria ses convives de l'excuser du mauvais dîner qu'elle leur avait offert, et se mit à chanter :

> Nous quitterons-nous sans boire un coup?
> Nous quitterons-nous sans boire?

On fit une nouvelle rasade dont Mlle Quinault donna l'exemple. On ne pouvait être plus agréable maîtresse de maison.

Vint ensuite la récréation d'entendre une comédie que l'auteur désirait lire à la société. Il ne restait plus malheureusement que le colporteur de Voltaire, le cynique abbé et un ancien officier de dragons; maigre auditoire dont l'auteur fut désespéré. La pièce était faible. Elle amusa néanmoins Mme d'Épinay, qui resta silencieuse; l'abbé, qui avait trop bu, s'endormit.

Telles étaient les réunions artistiques et littéraires de l'époque, où se voyait un pêle-mêle de femmes compromises, de militaires viveurs, de canaille lettrée, de talons rouges et d'abbés.

La marquise alla passer le reste de la soirée chez Mme de la Popelinière, femme du fermier général de ce nom. Mme de la Popelinière était belle, n'avait que vingt-deux ans, et l'on parlait déjà de ses galanteries dans tout Paris.

On ne doit pas la confondre avec la seconde

femme du même fermier général, belle aussi et autant recherchée que la première, mais dont la moralité fut à l'abri de tout soupçon. Elle quitta résignée, à l'époque de nos troubles civils, les somptueux hôtels des fermiers généraux pour venir se renfermer à Evreux, dans une petite maison où elle vécut sans regret des temps passés jusqu'à l'âge de quatre-vingt-trois ans, n'ayant rien perdu des grâces et de la fraîcheur de ses idées. Nous avons vu chez elle, en 1817, parmi les courtisans de sa fortune déchue, l'abbé Bourlier, ancien précepteur du prince de Talleyrand, puis évêque d'Évreux et sénateur. Ce personnage, célèbre par la distinction et la finesse de son esprit, était heureux de s'entretenir avec elle de l'ancienne société où l'un et l'autre avaient vécu. Elle était bienveillante envers les personnes qu'elle admettait à ses spirituelles causeries, et avait toujours soin de dire aux nouveaux venus qu'elle était la seconde femme de M. de la Popelinière.

Revenons à la première, chez laquelle nous avons laissé Mme d'Épinay. La marquise y trouva Franceuil, Rousseau; Desmahis, auteur de la comédie de l'*Impertinent*, jouée avec assez de succès, puis un Allemand de peu d'apparence, M. Grimm, ami de Rousseau, qu'elle voyait pour la première fois et qui devait tenir une si grande place dans ses affections et dans sa vie. Elle l'engagea de venir voir Franceuil et Rousseau quand ils seraient à la Briche.

Elle y était dès le lendemain avec ces deux derniers et alla faire, en tête à tête, une promenade avec Rousseau, tandis que Franceuil donnait des leçons de dessin et de musique à son fils. « Pourquoi, dit-elle à Rousseau, ne vous ai-je pas vu chez moi depuis un siècle ? » Rousseau, dont le caractère devenait de plus en plus sauvage, répondit qu'il s'en serait bien gardé, car il figurerait mal dans un cercle de petits mirliflores, de femmes à l'œil mourant, au sourire voluptueux, dédaigneux ou faisant la révérence à la religieuse pour montrer leurs charmes ; enfin, dans un cercle où se voient le despote Duclos, le mielleux Jelyotte, des gens aux manières honnêtes, il est vrai, *mais qui n'ont pas de mœurs.*

Mme d'Épinay lui fit remarquer qu'il était bien

sévère et lui demanda ce qu'il pensait d'elle. Rousseau n'hésita pas à lui répondre en ces termes : « Vous êtes entourée, Madame, de gens qui dégradent en vous le plus beau naturel que la terre ait formé. — Rousseau, répliqua Mme d'Épinay, vous devenez fade ! — Vous avez une figure mobile selon le sentiment qui vous affecte. Vous avez plusieurs visages. Ceux que je connais me font supposer que vous en avez un que je ne connais pas, et qui n'est peut-être pas le moins intéressant. Le réfléchi est celui qui me plaît le plus. Quant au moral, on vous croit sans caractère ; vous êtes bonne et souvent dupe, vous tâtonnez souvent pour trouver le bien, et la peur que vous avez de blesser les autres vous fait passer pour fausse et pour être sans caractère. Vous passez même pour intrigante par trop d'envie de faire le bien ; vous prenez des biais au lieu d'aller droit au but ; vous avez beaucoup appris et vous êtes ignorante ; vous n'avez point d'idées nettes, de principes dans la tête. Où en auriez-vous pris en vivant dans un monde qui n'en a point ? Si vous parveniez à vous entourer d'honnêtes gens, vous seriez un jour une femme de grand mérite. »

Mme d'Épinay pensa ce qu'elle voulut de la justesse de ce portrait. A son tour, elle loua Rousseau de sa conduite chez Mlle Quinault, au moment où Saint-Lambert exaltait l'athéisme. « Cependant, ajouta-t-elle, *je suis restée indécise* pendant le reste de la journée. » Il paraît que sa foi avait chancelé dans cette bonne compagnie ; c'est Rousseau qui va se charger de la faire revivre. — « Quelquefois, Madame, répliqua-t-il, je suis de l'avis de Saint-Lambert; mais quand je vois le lever du soleil, quand je le vois dissipant la vapeur qui couvre la terre, cette scène merveilleuse dissipe les ténèbres de mon esprit et je retrouve ma foi, mon Dieu, ma croyance en lui ; je l'admire, je l'adore et je me prosterne en sa présence. » Telles étaient les rêveries de Rousseau, qui finit par décider que nos lumières sont si courtes qu'il est presque impossible de se prononcer d'après elles : précieux aveu prouvant que nos discussions philosophiques, émanant d'une intelligence qui a des bornes, ne satisferont jamais les aspirations de notre âme et les besoins incessants de l'humanité. Rousseau ajouta que le dîner de Mlle Quinault lui avait fort déplu, « car ces gens-là qui affectaient l'incrédulité n'étaient pas sûrs de la soutenir jusqu'à la fin. Je veux, dit-il, vivre en honnête homme, en bon chrétien, et désire mourir en paix. » Tout cela est bien beau, de la part du philosophe, s'il n'y a pas d'exagération dans les souvenirs de la marquise.

Grimm vint quelques jours après avec Rousseau faire une visite à la Briche. Mme d'Epinay le trouva, au premier abord, doux, poli et timide. « Il est, dit-elle, sans fortune. Son goût pour la littérature et les sciences le lia intimement avec le comte de Schomberg dont il accompagna les enfants à Paris. Il avait alors vingt-neuf ans ; il en a trente-quatre à présent. » Grimm partit peu de jours après pour l'Allemagne, où il resta près de six mois.

A cette époque, Mme de Jully, ennuyée des assiduités de Jelyotte, pria Mme d'Épinay de l'en débarrasser. Cette communication ne surprit pas la marquise, car elle s'apercevait depuis longtemps que sa belle-sœur était éprise du chevalier de Vergennes. Le service que celle-ci demandait à Mme d'Épinay, et que beaucoup de femmes se rendent entre elles, n'avait rien de bien honorable ;

aussi la marquise ne voulut pas se mêler des affaires de cœur de Mme de Jully : elle avait bien assez des siennes. Devenue même plus sévère à l'endroit de ses anciennes connaissances, elle expulsa Mlle d'Ette, et ne vit plus que M. et Mme de la Popelinière, Desmahis, Gauffrecourt, Rousseau, Duclos, le chevalier de Valory, le chevalier de Vergennes et Mme de Jully, de laquelle Jelyotte avait définitivement reçu son congé. Franceuil, dont elle éprouvait de plus en plus l'inconstance et la légèreté, partageait son temps entre elle et M. d'Épinay. Celui-ci continuait toujours sa vie désordonnée, ne venait chez lui que quand il y avait de la musique, et se ruinait avec deux actrices, les petites Rose, chez lesquelles « on jouait l'opéra et dont il payait les violons ».

Enfin le chevalier de Valory, qui se querellait un jour et roucoulait le lendemain avec Mlle d'Ette, vint conter ses peines à Mme d'Épinay : il était désolé d'avoir souffert que cette intrigante vînt loger chez lui ; elle le pillait et le laissait manquer de tout. La marquise lui conseilla de prendre un parti. Il n'eut pas la force de l'exécuter.

Mme d'Épinay reçut des nouvelles de Mme d'Houdetot, qui se plaignait que son mari la tînt enfermée dans sa terre de Normandie. Cette réclusion dura peu, car elle arriva bientôt à Paris. La marquise la recevait souvent sans aller chez elle, ayant remarqué que le comte d'Houdetot était au supplice quand il lui fallait donner à dîner. La comtesse était toujours bonne, distraite, se livrant à tout ce qui lui passait par la tête. Elle venait de faire la connaissance de Saint-Lambert, ne voyait et n'entendait que par lui. M. d'Houdetot avait donc eu des raisons plausibles pour la retenir dans sa terre : mais peines superflues ; car, malgré les combinaisons les plus savantes, on ne peut fuir sa destinée.

Les réceptions continuaient à Paris. Grimm, revenu d'Allemagne, assistait aux soirées de la marquise, bientôt fatalement interrompues par la maladie de Mme de Jully, qui mourut, en quatre jours, de la petite vérole. Mme d'Épinay, qui n'avait pas quitté le chevet de son lit, fut priée par elle d'ouvrir son secrétaire et de brûler toutes les lettres qu'elle avait reçues du chevalier de Vergennes ; elle s'y prêta afin de prévenir le scandale qui aurait pu résulter de leur découverte ; mais un acte essentiel qui engageait M. d'Épinay envers M. de Jully ne s'étant pas retrouvé, on prétendit que la marquise l'avait sciemment brûlé : elle fut au désespoir d'une pareille accusation, qui courut tout Paris. Quelques semaines après on retrouva cet acte chez un notaire où il avait été déposé.

Avant que ce résultat fût connu et au moment où les avis étaient partagés, Grimm, étant à table chez le comte de Frièse, eut une violente altercation avec ceux qui attaquaient l'honorabilité de la marquise et leur dit : « Messieurs, j'ignore si Mme d'Épinay est coupable ou non, mais j'ai un souverain mépris pour ceux qui sont pressés de le croire. » Le baron d'E..., qui s'était exprimé avec plus de violence que les autres, se crut offensé On descendit dans le jardin pour se battre. Le baron fut grièvement blessé ; Grimm reçut un coup d'épée dans le bras. Ce trait chevaleresque, qui eut du retentissement, était peut-être un peu compromettant pour Mme d'É-pinay ; elle n'en résolut pas moins de voir Grimm beaucoup plus souvent qu'auparavant, et chargea même Rousseau de lui faire connaître l'intérêt qu'elle prenait à sa santé. La première fois que Grimm se présenta chez elle, M™⁰ d'Esclavelles dit à sa fille d'embrasser son chevalier ; elle le fit par obéissance à sa mère, et ce baiser dut faire plus de tort à Franceuil que tous les sarcasmes que Duclos se permettait contre lui.

M. de Jully parut malheureux d'avoir perdu sa femme. Il plaça son portrait dans toutes les chambres de sa maison, fit élever un mausolée dans une autre et commanda à Falconnet un monument qui se voyait avant la Révolution dans l'une des chapelles de l'église de Saint-Roch. Ce mari désolé, qui aimait les arts, arrangea sa douleur à ses goûts, ce qui fit dire à Rousseau « que le mausolée de la défunte était une consolation d'autant mieux inventée que son mari aurait cent fois plus de plaisir à le détailler qu'il n'en avait à pleurer sa femme ; qu'il était enfin mille fois plus artiste que veuf. » Le chevalier de Vergennes, inconsolable, ce qui devait être, exprima sa douleur dans une missive à la marquise qui avait brûlé ses lettres.

M. d'Épinay entreprenait alors de grandes répa-

4.

rations à son château de la Chevrette ; il y avait quelques parties à refaire en sous-œuvre, il en profita pour ajouter un pavillon carré à l'une des extrémités de la façade. La marquise trouvait ces projets insensés, mais elle jugea néanmoins qu'il valait mieux que son mari fît des folies chez lui que chez les autres. Un jour qu'il était dans l'enchantement de ces travaux, il montra une superbe dentelle à sa femme, voulant, disait-il, consulter son goût. Elle crut qu'il voulait lui en faire cadeau, mais elle ne tarda pas à savoir que c'était pour Mlle Rose.

Mme d'Épinay recevait à Paris sa famille et ses anciennes connaissances ; dans le nombre étaient Mme d'Houdetot et Saint-Lambert, duquel raffolait sa belle-sœur. Le comte d'Houdetot ne faisait à la marquise que des visites de bienséance ; M. d'Épinay ne paraissait chez lui que quand il était las d'être ailleurs.

Grimm se voyait parmi les assidus de Mme d'Épinay, qui commençait à le voir avec plaisir, quoiqu'elle le trouvât trop silencieux ; elle l'engagea même un jour à venir dîner chez Franceuil, de la part de ce dernier. Ces attentions parurent suspectes au vertueux Duclos, qui se permit de dire à la marquise qu'elles pourraient nuire à sa réputation. Elle reçut cet avis en mauvaise part, disant qu'elle voulait être libre de ses actions.

Franceuil, de son côté, voyant poindre ce mutuel attachement qui devait l'évincer, cherchait à se raccrocher à la branche ; il fit auprès de Mme d'Épinay une tentative pour en prévenir les conséquences. La marquise fut inflexible et lui rappela l'indifférence dont il l'avait accablée depuis plus de deux ans. Franceuil la quitta en jouant le triste rôle d'amoureux congédié et plongé dans la plus grande désolation. Peu de jours après, elle sut qu'il commençait à se calmer, si bien qu'ils ne se revivirent plus qu'à titre d'anciennes connaissances. Franceuil redoubla d'amitié pour M. d'Épinay. L'un et l'autre demeurèrent les protecteurs des deux petites Rose.

Enfin l'intimité de Grimm s'établit sans secousse, en dépit de Duclos et de Franceuil ; sa correspondance avec Mme d'Épinay est rarement interrompue et n'est remplie que de protestations d'estime et d'amitié la plus tendre. Francœuil, congédié, humilié, garde rancune à Grimm et ne l'invite plus à ses soirées. Mme d'Épinay s'en offense, et dit à Francœuil que s'il continue d'agir de la sorte elle ne se rendra plus à ses réunions.

Rousseau resta neutre, se contentant d'écrire à la marquise quelques lettres polies auxquelles elle répondit sur le même ton. Il n'en fut pas de même de Duclos, qui continuait toujours à donner des conseils. Se voyant définitivement mis à l'écart, il eut l'impudence d'écrire le billet suivant à Mme d'Épinay : « Mandez-moi si vous soupez chez vous ce soir. J'oublie vos vivacités en pensant au tort qu'une rupture avec moi ferait à votre réputation. Pauvre enfant ! vous me faites pitié ! On se joue de vous, et vous ne vous en doutez pas. Il faut que je sois bien honnête pour me conduire comme je le fais avec vous. »

La marquise répondit à cette lettre en témoignant à son auteur le plus profond mépris, et le menaçant de le faire mettre à la porte s'il entrait jamais chez elle. Chose singulière que ce Duclos, si maltraité par Mme d'Épinay, soit peut-être le seul homme dont Jean-Jacques ait dit du bien.

Duclos se plaignit à Franceuil en disant que depuis que Grimm s'était impatronisé chez la marquise tous les anciens amis en étaient chassés. Ce langage flatta la jalousie de Franceuil, mais il se défia des motifs intéressés qui faisaient agir Duclos. « Celui-ci s'en alla interdit et vexé d'avoir manqué son coup. »

Grimm perdit à cette époque le comte de Frièse, chez lequel il demeurait. Son avenir aurait été très-compromis si le duc d'Orléans ne l'eût appelé près de lui en qualité de secrétaire. Mme d'Épinay en ressentit une joie extrême, car elle avait été un moment inquiète sur le sort de son ami.

Grande nouvelle ! Le chevalier de Valory avait le courage de rompre ses liaisons avec Mlle d'Ette, qui le rendait trop malheureux par ses exigeances et ses fureurs. Il allait se retirer en Normandie avec sa nièce qui était venue l'enlever. Celle-ci se réfugia chez Mme d'Épinay pendant le déménagement de Mlle d'Ette, qui devint enfin l'amie de Duclos, association qui fut doublement hostile à la marquise. Duclos n'était pas homme à supporter l'humiliation qu'on lui avait fait subir sans se venger soit de Mme d'Épinay, soit de Grimm, auquel il attribuait d'avoir donné à la marquise le courage de le mettre à la porte comme un valet.

L'un et l'autre la noircirent près de Diderot. Qui croirait que Diderot, l'amant adultère de Mlle Volant, reprocha à son ami Grimm ses liaisons de même nature avec Mme d'Épinay, lesquelles devaient être infailliblement suivies d'une catastrophe? Des philosophes seuls pouvaient avoir cette logique très-commode de faire la leçon aux autres et de s'en affranchir pour eux-mêmes.

Ces tracasseries furent nuisibles à la santé de la marquise; mais la plus grave pour elle vint de Franceuil qui, dans plusieurs séjours à la Chevrette, tâcha de regagner sur son cœur le terrain qu'il avait perdu. Grimm devint excessivement jaloux, et par ses froideurs obligea la marquise à prendre un parti. Elle pria Franceuil de ne plus l'accabler de ses fâcheuses importunités; celui-ci lui renvoya son portrait, ses lettres et se retira dans sa terre de Chenonceaux où il resta six mois. On sut bientôt qu'il s'y amusait beaucoup, et que son départ avait été moins une question de sentiment que d'amour-propre blessé.

Rousseau, dont nous allons avoir à nous occuper, avait fait jouer en 1752 son *Devin du village* devant la cour à Fontainebleau, et l'année suivante à Paris. Cette pièce, interprétée par Jélyotte, Mlle Fel et Cuvillier, eut un grand succès qui rapporta plus de gloire que d'argent à son auteur. Franceuil, qui connaissait la position gênée de son ami, lui fit accepter une place de caissier chez son père, M. Dupin. Comme elle n'allait pas à l'indépendance de ses goûts, il la quitta pour gagner, disait-il, son pain à copier de la musique. Voyant cela, Franceuil allait publiant dans le monde que Jean-Jacques n'avait pas le sens commun. Peu après Rousseau alla à Genève où on lui offrait une place de bibliothécaire. Il n'y put tenir et revint en 1756 à Paris.

Sa première visite fut pour Mme d'Épinay, à laquelle il parla de la difficulté qu'il éprouvait de vivre dans cette ville, tandis qu'à la campagne il pourrait exister avec 1,000 livres par an. Cette conversation avait lieu du temps où le marquis d'Épinay faisait ajouter une aile à son château de la Chevrette. Un jour que Rousseau alla voir ces ouvrages en compagnie de la marquise, il poussa avec elle sa promenade à un quart de lieue plus loin, jusqu'au réservoir des eaux du parc, qui touchait à la forêt de Montmorency.

Il y avait près de ce réservoir un joli potager avec une loge très-exiguë et fort délabrée qu'on appelait l'Ermitage. Rousseau s'étant écrié : « Ah ! quelle situation délicieuse ! » Mme d'Épinay y fit construire une petite maison très-habitable et dit, peu de temps après, à Rousseau : « Mon ours ! voilà votre asile. » Voyant qu'il faisait quelques difficultés, elle lui écrivit dès le lendemain, au sujet des 1,000 livres qui lui paraissaient indispensables pour vivre, que si la vente de ses ouvrages ne montait pas à cette somme elle la lui compléterait en lui prêtant la différence.

L'offre, pour tout autre que Rousseau, eût été séduisante. Il ne le comprit pas et répondit à Mme d'Épinay : qu'elle avait plus consulté son cœur que sa fortune; que cette position lui glaçait l'âme; qu'elle voulait faire un valet d'un ami, qu'il n'était pas à vendre et que ses sentiments étaient au-dessus du prix qu'elle voulait y mettre.

Elle risposta de suite qu'elle trouvait sa lettre extravagante, qu'il avait l'esprit bien gauche pour se fâcher de propositions dictées par une amitié qui devait lui être connue, et non par le sot orgueil de se faire des créatures. « Vous n'êtes pas en ce moment en état de juger de ce qui peut vous convenir. »

Enfin, après s'être justifié de son mieux de ce qu'il y avait de désobligeant dans sa lettre, il vint faire une visite à Mme d'Épinay et lui dit finalement qu'il acceptait l'habitation de l'Ermitage. La marquise la fit aussitôt meubler. Peu de jours après, Rousseau lui écrivit qu'il viendrait y passer les fêtes de Pâques, qu'il y resterait tant qu'il s'y trouverait bien et qu'elle voudrait l'y souffrir.

Le conseiller intime de Mme d'Épinay, Grimm, qui connaissait le caractère de Rousseau, désapprouva d'une manière très-dure le service qu'elle voulait lui rendre. Il ne voyait chez le philosophe que de l'orgueil placé partout. « La solitude, ajoutait-il, achèvera de noircir son imagination ; tous ses amis seront injustes, ingrats ; elle-même le sera toute la première si elle refuse d'être à ses ordres. » Elle se repentit peut-être de s'être tant avancée, mais elle ne le fit point paraître à Rousseau.

Ce déplacement jette le philosophe dans un embarras qui le fait trembler. « Il sera nécessaire, écrivait-il à la marquise, que je laisse à Paris des chaises, des tables, et tout ce qu'il me faudra pour ajouter à tout ce que vous avez mis dans mon château ! Qu'on est malheureux quand on est trop riche ! »

La marquise envoya une charrette à sa porte pour enlever ses meubles, et vint elle-même le prendre dans son carrosse avec ses deux gouvernantes. Elle l'installa, le 9 avril 1756, à l'Ermitage, où il arrivait avec 2,000 livres dans sa bourse, produit de ses derniers ouvrages. Sa première aspiration fut de se livrer plusieurs jours au délire champêtre, puis il rangea ses papiers et régla ses occupations.

Il écrivit, dès le lendemain de son arrivée, à Mme d'Épinay pour la remercier et s'informer de sa santé, car il savait que la course de la veille l'avait très-fatiguée. Elle répondit qu'elle était mieux et se trouvait très-heureuse de le voir bien installé. Elle fit terminer son déménagement et lui donna de bons conseils sur la conduite qu'il devait tenir envers ses amis : « Je les verrai avec transport, dit-il, mais je saurai me passer d'eux. »

La belle saison ramena Mme d'Épinay à la Chevrette. Le philosophe comprit qu'il devait avoir des attentions pour cette femme si supérieure et si dévouée. « Cette obligation altéra beaucoup le plaisir qu'il avait à la voir. Joignez à cela, dit-il, la manie qu'elle avait de faire des romans, des lettres, des comédies, manie qu'elle aggravait par le plaisir qu'elle avait à les lire. » Cette occupation n'étant pas du goût de l'ermite, elle choisit un petit comité composé du baron d'Holbach et de Grimm devenus ses oracles, tandis que lui-même n'était jamais compté pour rien. Il trouvait d'ailleurs que la conversation de la marquise, assez agréable en cercle, était aride en particulier. Comme la sienne n'était pas plus fleurie, elle avait peu d'attraits pour elle et ne lui était pas d'un grand secours.

Il finit enfin par s'apercevoir qu'il n'était pas dans la solitude autant qu'il l'aurait désiré; qu'il lui fallait faire des visites à la Chevrette, à la Briche, à Eaubonne, où demeurait Mme d'Houdetot, et au château de Montmorency, puis recevoir toutes sortes de curieux et de désœuvrés. A peine avait-il le temps de faire des copies. Il travailla néanmoins à ses *Institutions politiques* et à d'autres ouvrages qu'il avait sur le chantier.

Grimm donnait le ton aux petites réunions de la marquise. Elle alla passer une partie de l'été à la ville pour être plus près de lui. Pendant ce temps-là, l'ermite jouissait d'un peu de liberté, vivant avec Mme Le Vasseur et sa fille Thérèse, société

dont il eut souvent à se plaindre ; car Mme Le Va-
seur, en lui faisant les plus beaux compliments du
monde, aliénait de lui sa fille tant qu'elle le pouvait et faisait des dettes qu'il était obligé de payer.
On sait qu'il avait fait la connaissance de cette
Thérèse lorsqu'il habitait l'hôtel de Saint-Quentin,
rue du Luxembourg, où elle travaillait à la lingerie
de l'établissement.

Ce fut au milieu de ces ennuis, moins réels que
tenant à son imagination inquiète et déréglée, qu'il
reçut la visite de Mme d'Houdetot, dont l'ami Saint-
Lambert était alors à Mahon. C'était pour lui en
donner des nouvelles qu'elle était venue à l'Ermitage. L'intérêt qu'elle portait à Saint-Lambert la
rendit charmante aux yeux du philosophe. Cet
intérêt fut le point de départ de ses folies pour
elle.

Mme d'Épinay, de retour à la Chevrette, reprit sa
correspondance avec l'ermite. Il vint passer une
journée avec elle, et, après son départ, elle écrivit
à Grimm : « Je crois qu'il a besoin de ma présence,
et que la solitude a déjà remué sa bile. Il se plaint

de tout le monde : Diderot doit toujours venir le voir et ne vient jamais, M. Grimm le néglige, le baron d'Holbach l'oublie. » Elle voulut le retenir, mais il préféra s'en aller, malgré la pluie et la boue, à l'Ermitage, « où il arriva saucé, et à une heure de la nuit. »

Deux jours après, il porte plainte contre le jardinier de sa maison, disant qu'il allait vendre les pêches au marché de Montmorency ; que lui-même aurait besoin, pour le repos des gouverneuses (nom qu'il donnait à Thérèse et à sa mère), d'un bon fusil et de pistolets pour l'hiver seulement, car durant la belle saison il était en parfaite sécurité et sous la protection de ses voisins. Mme d'Épinay s'effraye de cette réquisition d'armes et lui répond qu'en l'engageant à se fixer à l'Ermitage elle a eu l'intention de le faire jouir de la tranquillité dont il a besoin ; qu'elle lui permet de renvoyer le jardinier, cause de toutes ses terreurs.

Grimm, instruit de ces détails, engage la marquise à détourner Rousseau de passer l'hiver à l'Ermitage, jurant qu'il y perdrait la tête. Il pense que ce serait barbare de contraindre la vieille Le Vasseur d'être privée de secours dans un lieu inabordable par le mauvais temps, sans société, sans ressources et sans distractions. Mme d'Épinay crut qu'il suffirait de représenter ces inconvénients à Rousseau pour le déterminer à venir passer l'hiver avec des humains.

Thérèse, qui s'ennuyait à la campagne, partageait les mêmes idées, car elle dit à Mme d'Épinay que Rousseau avait l'âme malade, qu'il en dépérissait, et qu'elle redoutait autant pour lui que pour sa mère le séjour de l'Ermitage ; mais elle était persuadée qu'on ne pourrait jamais le déterminer à retourner à Paris. Grimm, Gauffrecourt et la marquise convinrent de tout employer pour lui faire prendre un parti raisonnable. Voilà ce qu'il appelle les persécutions de ses amis.

Dans ce temps-là, M. d'Épinay alla le voir avec les deux actrices, ses protégées, pour lesquelles l'ermite copiait de la musique. Le puritain Rousseau tourna le dos à ces dames, ce qui fit dire au marquis qu'il était devenu fou. « Fou si vous voulez, répliqua Mme d'Épinay, mais sa folie est celle d'un honnête homme. » Le marquis se mordit les doigts et se tut.

Diderot, qui venait de terminer un ouvrage, voulut avoir l'avis de Grimm et de Rousseau avant de le livrer à l'impression. On proposa de se réunir à la Chevrette. Diderot, toujours prévenu contre la marquise, refusa de se rendre chez elle. On alla donc à l'Ermitage, où le poëte Desmahis fut admis pour assister à la séance. Chose remarquable, qui n'aurait pas lieu de nos jours, de voir ces lettrés se réunir pour examiner l'œuvre d'un rival. Grimm concourut comme les autres à cet acte de bienveillante confraternité ; cependant il gardait rancune à Diderot qui se laissait influencer, au sujet de la marquise, par Mlle d'Ette passée au service de Duclos.

Grimm et Desmahis vinrent de l'Ermitage à la Chevrette et furent complétement en désaccord sur certains passages de l'œuvre de Diderot. Quelques mots lancés au hasard faillirent provoquer un duel. Rousseau arriva le soir et partit de grand matin, très-mécontent de ce que, après le souper, on l'avait entrepris sur les inconvénients de passer l'hiver à la campagne. Il écrivit le jour suivant à Mme d'Épinay qu'il ne comprenait pas l'insistance de ses amis ; qu'il avait tout ce qui lui serait nécessaire pour travailler pendant la mauvaise saison ; que sa provision de bois était faite ; qu'il faudrait faire un siége pour l'attaquer dans sa retraite, et qu'aussitôt après avoir reçu les armes qu'il attendait il ne sortirait jamais sans un pistolet, même pour faire le tour de sa maison.

Il aurait été sage de ne plus insister ; mais Diderot, qui ne connaissait pas les représentations de ses amis et le parti pris du philosophe, s'avisa de lui écrire sur le même sujet, et d'ajouter assez durement à leurs insistances qu'il avait tort de retenir pendant l'hiver, à l'Ermitage, Mme Le Vasseur, âgée de soixante-quinze ans, et qui avait le pressentiment de sa fin prochaine. Ces observations piquèrent vivement Rousseau. Il déclara à Mme Le Vasseur que, si d'après les rapports qu'il recevait de ses amis elle ne pouvait plus vivre avec lui, il la laissait libre de se retirer dans sa famille et pourvoirait à ses besoins. Thérèse se mit à pleurer, et la vieille, prenant malicieusement le change, répondit à Rousseau qu'elle n'avait pas le projet de le quitter, que c'était lui qui désirait la voir partir. Le philosophe écrivit à Diderot une lettre pleine d'invectives en réponse à la sienne. Mme d'Épinay l'engagea à la supprimer. Il le fit, tout en lui détaillant mille griefs imaginaires qu'il avait contre Diderot. Diderot vint enfin le voir à l'Ermitage. Ils se réconcilièrent, et Rousseau écrivit à ce sujet à la marquise : « Il y a longtemps que je n'ai passé une aussi délicieuse journée. Il n'y a pas de dépit qui tienne contre la présence d'un ami. » Mme d'Épinay avoue que les torts étaient du côté de Diderot, et qu'elle est trop occupée de querelles qui ne devraient pas la regarder.

Nous trouvons maintenant la marquise à Paris, se plaignant d'un rhumatisme et envoyant à l'Ermitage des provisions qui consistaient en : un baril de sel, un rideau pour la chambre de Mme Le Vasseur, deux cotillons neufs et un bon gilet pour Rousseau, qu'elle appelle le roi des ours. Il la remercie, ajoutant qu'elle lui a inoculé son rhumatisme et que son cotillon pourra l'en guérir. Il craint pourtant qu'il ne le tienne un peu trop chaud, car il n'a pas l'habitude d'être si bien fourré. On était alors au cœur de l'hiver et sa provision de bois diminuait. Il ne se plaint que de l'absence des amis, qu'il espère retrouver au printemps.

Gauffrecourt venait d'avoir une attaque d'apoplexie. La marquise ne l'avait pas quitté depuis douze jours, même aux dépens de sa propre santé ; elle ne voulait pas l'abandonner à des domestiques ni à des médecins, qui l'auraient tué si elle les eût laissés faire. Gauffrecourt demanda à voir Rousseau. Celui-ci vint dans un carrosse de Mme d'Épinay, qui profita de la présence de l'ermite pour rentrer chez elle et prendre le repos dont elle avait grand besoin. Grimm vint la voir, ensuite Franceuil, dont le ton et la convenance lui plurent. Sa vue néanmoins lui causa un moment d'émotion ; mais elle se rassura promptement en le trouvant tel qu'il devait être.

Rousseau, peu de jours après, quitta son ami Gauffrecourt et revint à l'Ermitage, disant qu'il n'avait pu tenir plus longtemps à le voir assassiner par ses médecins. « Eh! pour l'amour de Dieu, écrivait-il à Mme d'Épinay, balayez-moi tout ce monde-là, et les comtes et les abbés, et les belles dames qui ne lui laissent pas un seul instant de repos. » Il s'offre de retourner auprès du malade, de lui donner sa vie et sa santé, si ce sacrifice peut être bon à quelque chose. Peu de jours après, les médecins déclarèrent que Gauffrecourt était hors de danger.

A cette époque, le duc d'Orléans manda Grimm, qui était, avons-nous vu, l'un de ses secrétaires depuis la mort du comte de Friése, et lui offrit le même emploi près du maréchal d'Estrées, qui commandait nos troupes. La guerre de Sept-Ans allait éclater. « Je sais, lui dit le prince, que je vous dérange de vos occupations et de vos sociétés; mais toutes les rêveries métaphysiques ne vous vaudront pas l'emploi que je veux vous faire obtenir dans l'armée. » Les amis de Grimm lui conseillèrent d'accepter. Rousseau fut d'un avis contraire, car il se défiait de la faveur des grands. Grimm accepta néanmoins, malgré le désespoir de Mme d'Épinay. « J'ai peine à me résigner, disait-elle. Que je me trouve petite et faible ! Je suis, au sujet du départ de M. Grimm, comme on l'est à l'égard d'un ami dangereusement malade. Hélas! dans huit à dix jours il ne sera plus ici. »

Il ne fut pas plus tôt parti que la marquise reçut la visite de M. de Margencey, de Saint-Lambert et Mme d'Houdetot. Ils cherchèrent à la consoler; mais que leurs consolations lui parurent froides ! « Mme d'Houdetot était dans l'enchantement du départ de son mari; tout le monde en était heureux pour elle. Saint-Lambert restait : elle était folle comme un jeune chien. »

Mme d'Épinay alla se renfermer à la Chevrette, où Rousseau vint lui apporter les deux premiers cahiers d'un roman qu'il avait commencé pendant l'hiver, et qui faisait, disait-il, le bonheur de sa vie. Elle résolut de ne pas détruire une chimère si douce à l'auteur. C'était le commencement de sa *Nouvelle Héloïse*, dont elle rend compte en ces termes dans sa correspondance avec Grimm : « Je ne sais si je suis mal disposée, mais je ne suis pas contente; c'est écrit à merveille, mais d'un style trop travaillé, qui me paraît sans vérité et sans chaleur. Les personnages ne disent pas un mot de ce qu'ils doivent dire : c'est toujours l'auteur qui parle. Je ne sais comment m'en tirer. Je ne voudrais pas tromper Rousseau, et je ne puis me résoudre à le chagriner. » Cependant, en lui remettant ses cahiers, elle lui fit quelques observations avec le plus de ménagement possible. Il n'en parut pas blessé, mais il partit immédiatement après le dîner. Cette critique mesurée fait honneur au jugement de Mme d'Épinay.

Les premières lettres de Grimm sont datées de Metz et de Wesel. Elles annoncent d'abord le calme d'un homme supérieur et résigné; mais dans sa missive de Münster, il commence à s'ennuyer de ne pas voir le tableau vivant du salon dont son amie était la reine; puis il ajoute : « Je n'ai point reçu de lettre aujourd'hui; me voilà rentré dans la solitude affreuse où mon âme sera toujours quand je n'entendrai pas parler de vous. La tristesse, l'inquiétude, l'impatience et l'ennui m'accompagnent dans ce désert et ne me quitteront qu'au moment où je pourrai vous rejoindre. O ma tendre amie !

je ne vis plus que pour vous. Mon âme est fermée à tout autre sentiment; celui-là l'absorbe tout entière. Pour m'aider à supporter l'absence, je cherche quelquefois l'énergie et la fermeté dont je suis susceptible. »

A la bonne heure ! voilà du style. Le journaliste allemand montre de la sensibilité, de la verve et du cœur. Ce ne sont plus les expressions forcées et mensongères de l'étourdi Franceuil; aussi Mme d'Épinay s'empresse-t-elle de répondre à Grimm : « Puisque vous voulez, mon ami, que je vous parle sans cesse de notre vie domestique, vous saurez que tous les matins nous nous rassemblons comme à l'ordinaire dans le petit salon d'en bas; là nous déjeunons : ma mère, mes enfants, Linant et moi. Un peu plus tard, Linant et mon fils se retirent pour aller se promener. Si cependant la conversation mérite qu'ils l'écoutent ou qu'ils y prennent part eux-mêmes, alors ils restent. Je vous écris, je travaille et je ne me rends dans le salon qu'à l'heure du dîner. Après le dîner nous jouons une bonne heure avec les enfants, nous faisons des commentaires à perte de vue sur ce qu'ils ont dit ou fait. Le paresseux Margency descend quelquefois et se moque de nous. Il mit l'autre jour en vers ma conversation avec ma mère; c'était un radotage délicieux. Quelquefois et très-souvent nous parlons de vous, et c'est le moment où nous nous trouvons tous d'accord. »

Dans une autre lettre, Mme d'Épinay apprend à Grimm qu'elle sait par Thérèse, qui continuait son rôle de rapporteuse, que Rousseau devient de plus en plus intraitable, qu'il passe son temps à pleurer, parle seul la nuit, et dit qu'il viendra s'établir pendant une quinzaine chez Mme d'Épinay dont les bons conseils lui ont toujours réussi ; que la comtesse d'Houdetot vient le voir presque tous les jours, laissant ses femmes dans la forêt et s'en retournant seule. « La petite Le Vasseur est jalouse, dit Mme d'Épinay ; je crois qu'elle ment ou que la tête tourne à tous. »

Nous sommes évidemment dans la crise que subit l'ermite devant les charmes de Mme d'Houdetot. La comtesse appartenait légitimement à son mari, illégitimement à Saint-Lambert ; le philosophe, qui prêchait le culte de la vertu, voulut ajouter une nouvelle illégitimité à celle qui pesait déjà sur la conscience de la comtesse. Mme d'Houdetot était frivole, bonne, légère, coquette et naïve. Rousseau se laissa prendre à de sublimes agaceries communes aux femmes qui savent amorcer et s'arrêter à point. On connaît toutes les folies que lui suggéra son penchant pour elle. Mme d'Épinay ignorait les particularités de ces mystérieuses amours ; elle n'en saisissait le fil que de loin en loin, et les ardeurs de Rousseau seraient restées inaperçues s'il n'avait pris à tâche de les dévoiler lui-même et de les embellir. Voici quelques détails que nous empruntons à sa brûlante et curieuse narration.

L'hiver approchant, il se renferma chez lui et composa les deux premiers livres de sa *Julie*. Au printemps qui suivit, il était dans le ravissement de sa création, lorsqu'il reçut une seconde visite de Mme d'Houdetot. Elle venait d'Eaubonne, où elle avait loué une jolie maison dans la forêt de Montmorency. Son mari, capitaine de gendarmerie, était au loin ; Saint-Lambert lui-même avait rejoint son régiment.

Mme d'Houdetot approchait de la trentaine et n'était point belle. Son visage était marqué de petite vérole ; son teint manquait de finesse. Elle avait la vue basse et les yeux un peu ronds ; mais elle avait de grands cheveux noirs et une taille mignonne. Elle était venue à cheval, habillée en homme ; son air romanesque séduisit Rousseau : pour cette fois ce fut de l'amour.

Elle l'entretint de Saint-Lambert en amante passionnée ; cette ivresse fascina les yeux du solitaire. Il vit dans Mme d'Houdetot sa Julie, l'héroïne de son roman bien-aimé. « Chose singulière, dit-il, que de s'éprendre d'une femme dont le cœur était plein d'un autre amour ! »

Pendant trois mois il conçut pour elle la plus violente passion, et faisait presque tous les jours une lieue pour la voir à Eaubonne. Souvent elle venait au-devant de lui et s'arrêtait sur une terrasse appelée le mont Olympe, située en face de sa maison. Ils s'y rencontraient ; ils étaient ivres d'amour, lui pour elle, elle pour Saint-Lambert.

Enfin, un soir qu'ils se promenaient ensemble sous les bosquets d'Eaubonne, il ne put résister à la véhémence de sa passion. Il versa des larmes sur les genoux de son héroïne, qui en fut touchée, mais qui lui rappela ce qu'elle devait à Saint-Lambert. Cette exaltation se termina par un simple baiser. Rousseau prit alors le parti de vivre en frère avec elle, et lui prodigua toutes sortes d'attentions. Il allait souvent la conduire à la Chevrette, où ses assiduités furent remarquées. Le baron d'Holbach trouva même très-plaisant de rire aux dépens du philosophe amoureux.

Mme d'Épinay, qui avait saisi, par les plaintes de Thérèse, par les allées et venues de l'ermite, quelque chose de bizarre dont elle ne pouvait se rendre compte, en entretint Grimm, non pour incriminer sa belle-sœur qu'elle regardait au-dessus de tout soupçon, mais plutôt pour s'égayer avec lui de la singularité de pareilles relations.

Grimm lui répondit : « Ce que vous me mandez du solitaire me paraît singulier, et ses visites mystérieuses à la comtesse le sont encore davantage.

C'est un pauvre diable qui se tourmente et n'ose s'avouer le sujet de ses peines, qui réside en sa maudite tête et son orgueil. » Il en était là de sa lettre lorsque Saint-Lambert entra chez lui. On causa de tout. Saint-Lambert parla des torts de Rousseau envers Grimm et prétendit, sans doute en plaisantant, que depuis quelques mois Mme d'Épinay faisait tourner la tête au solitaire. Celui-ci eut connaissance de ce propos et s'en fit une arme contre la marquise, prétendant qu'il venait d'elle pour le brouiller avec Mme d'Houdetot.

Grimm ajoute, en terminant sa lettre, qu'ils sont vingt-huit secrétaires, qu'il ne sait que faire à l'armée de la métaphysique et de la philosophie, mais qu'il espère que le duc d'Orléans le rappellera bientôt près de lui et près de la marquise.

Dans le temps où Mme d'Épinay s'occupait de l'éducation de ses enfants, elle faisait un roman, inspiré par la lecture de celui de Rousseau, dont elle trouvait les lettres bien écrites, quoique fatigantes à lire. Elle tombait évidemment dans la fausse idée de certaines femmes qui veulent masquer leurs faiblesses par une savante diversion. Elle envoya ses premiers cahiers à Grimm. Grimm ne pouvait faire autrement que de les trouver délicieux. « Si vous continuez de même, lui écrivait-il, vous ferez assurément un ouvrage unique. Je vous renverrai votre travail avec des observations qui portent sur des riens. Maintenant que Rousseau ne *soupire plus pour vous* (ceci a trait à la mauvaise plaisanterie de Saint-Lambert, qui savait que le solitaire était plus épris de Mme d'Houdetot que de Mme d'Epinay), si vous lui avez montré quelque chose de ces mémoires, je vous tiens pour brouillée avec lui. Il a le tact trop fin pour ne pas sentir l'extrême distance qu'il y a entre votre principal personnage et son ennuyeuse et pédantesque héroïne. » S'il y a exagération d'un côté, de la part de Grimm, on peut dire, de l'autre, que son jugement sur la *Julie* est à peu près resté. Quant à l'œuvre de Mme d'Épinay, ce n'est autre chose que ses lettres, où elle met en scène des personnages avec lesquels elle a vécu et dont elle a changé les noms, en prévenant toutefois que ce n'est pas un roman qu'elle donne au public, mais bien les mémoires très-véritables d'une famille et de plusieurs sociétés composées d'hommes et de femmes soumises aux faiblesses de l'humanité. On l'aurait deviné sans qu'il eût été besoin de faire cette naïve confession.

Elle habita, durant l'été 1757, son château de la Briche, car elle devait louer la Chevrette au baron d'Holbach, que sa table et ses écrits antireligieux avaient lié à la secte philosophique. Son mari vint la voir avec ses deux principaux compagnons de plaisirs : le chevalier de M... et Franceuil. « Elle les accueillit froidement et selon leurs mérites. »

Elle apprend à Grimm que l'ermite et Mme d'Houdetot continuent leurs mystérieux rendez-vous; que Rousseau est resté deux jours chez la comtesse, à Eaubonne. Elle croit rêver.

Le philosophe amoureux n'eut pas plus tôt quitté Eaubonne qu'il vint avec Thérèse s'établir à la Briche. Il fut très-réservé et ne dit rien au delà de la pluie et du beau temps. La marquise l'examina de près et remarqua un air de fausseté dans toutes ses paroles. L'ayant interrogé sur le genre d'éducation qu'elle devait donner à ses enfants, il répondit par une foule de paradoxes qui faisaient déjà pressentir l'auteur de l'*Émile*. Il partit, promettant de venir la voir deux jours après, avec son chien et sans Thérèse. Il était fou de ce chien, ce qui ne doit pas surprendre de la part d'un philosophe livré au culte intelligent de la nature. Mme d'Épinay jugea qu'il était philosophe comme Sganarelle était médecin.

Grimm écrit de nouveau, et, après avoir parlé des opérations de la campagne, il prétend que Rousseau devient fou (c'est toujours son refrain), et blâme la marquise de l'avoir traité avec tant de faiblesse, au lieu d'avoir employé le crédit qu'elle avait sur lui pour le ramener à la raison. Il fait des vœux pour qu'elle ne soit pas mêlée à ses extravagances. Saint-Lambert lui communique une lettre de la comtesse d'Houdetot dans laquelle il voit que Mme d'Épinay se porte bien. Cette nouvelle adoucit les ennuis de son exil.

La marquise demande de l'argent à son mari pour tirer ses domestiques de la misère où ils sont réduits. Elle mène ses enfants visiter les pauvres de la paroisse et leur fait distribuer des vêtements aux petits malheureux. Cette bonne œuvre, à laquelle se prêtent maintenant avec une grâce parfaite les dames d'Épinay, n'est donc pas moderne; il est vrai que toutes les fortunes y contribuent, et que la charité n'est plus le privilége exclusif et béni des terres seigneuriales.

Mme d'Épinay alla peu de jours après dîner à l'Ermitage et reçut le lendemain la visite de Saint-Lambert, qui revenait de l'armée et lui apportait une lettre de Grimm. Grimm la priait de ne plus lui parler de son diable de sophiste, qui ne voyait les choses que d'un œil.

Rousseau partait alors pour Paris. C'était la grande nouvelle. Il voulait, disait-il, se réconcilier avec Diderot au sujet de lettres un peu vives échangées entre eux. Mme d'Épinay prétend, au contraire, qu'il désirait éviter la présence de Saint-Lambert, dont l'intimité avec Mme d'Houdetot lui causait un chagrin qu'il ne pouvait dissimuler. Il faisait pitié. La marquise lui dit qu'il voulait donner le change au sujet de son voyage et qu'il deviendrait faux par habitude à force d'amour-propre et de vanité. Il rougit, pleura, et quitta la chambre de Mme d'Épinay plus en colère qu'affligé. Le lendemain matin, il y eut de nouvelles explications. La marquise fut sévère et pensa qu'il ne lui pardonnerait jamais la lueur de franchise qu'elle lui avait arrachée.

Lui et Diderot furent enchantés l'un de l'autre. Diderot chargea Rousseau de présenter ses hommages à la marquise, politesse qui ne l'empêcha pas de dissuader le baron d'Holbach de louer la Chevrette, car il ne pourrait jamais l'aller voir, disait-il, sans courir le risque d'y rencontrer l'*infernale* Mme d'Épinay. Il avait toujours les mêmes préventions contre elle.

Deux jours après, Mme d'Houdetot, Saint-Lambert et Rousseau vinrent souper à la Briche. Saint-Lambert et Mme d'Houdetot avaient l'air très-soucieux; Rousseau n'était pas plus gai, car sa position était difficile après les explications qu'il avait eues avec Saint-Lambert touchant son fol amour dont il était mal corrigé.

Thérèse continuait ses confidences à la marquise. Thérèse était jalouse et chargeait le tableau des rapports de l'ermite avec la comtesse. Mᵐᵉ d'Épinay ne voulut rien entendre des récits d'une fille outrée, bête, bavarde et menteuse, accusant une femme connue pour étourdie, confiante et inconsidérée, mais franche et bonne au suprême degré. Elle aimait mieux croire que Rousseau s'était tourné la tête tout seul que de supposer que Mᵐᵉ d'Houdetot s'était réveillée un beau matin coquette et corrompue. « Si l'ermite, écrivait-elle à Grimm, a expliqué ses sentiments à la comtesse, elle sera tombée des nues. Peut-être aura-t-elle tu cette folie au marquis par égard pour Rousseau. Thérèse prétend avoir trouvé une lettre. Qui l'a vue ? Toujours est-il que l'ermite, avec son air de désespoir, fait peine à voir. » Que penser du vertueux philosophe si l'on s'arrête à la moralité des causes qui le rendent si malheureux ?

Grimm trouvait cette passion insensée et prétendait que la raison reviendrait au solitaire à moins que le diable ne s'en mêlât.

Mme d'Épinay acquérait alors la certitude qu'il n'y avait pas un mot de vrai dans les propos de Thérèse, car Mme d'Houdetot avait avoué au marquis de Croixmare, dans une conversation intime, sa passion pour Saint-Lambert. Elle en avait même parlé sans détour à Rousseau, auquel elle ne pardonnait pas d'avoir voulu faire naître dans son âme des scrupules sur cette liaison, qu'il nommait criminelle. Ceci expliqua à Mme d'Épinay la nature des fréquentes et ridicules conférences de Rousseau avec la comtesse.

Ici se déroule une intrigue qui causera autant d'étonnement que de tristesse en pensant qu'elle émane de notre ermite que la passion avait rendu fou. Dans le temps où il s'éprenait de Mme d'Houdetot, et avant de lui en faire l'aveu, il ne vit d'autre moyen de réussir qu'en la détachant du marquis de Saint-Lambert. Pour arriver à ses fins, il dit à Mme d'Houdetot que Mme d'Épinay aimait éperdûment Saint-Lambert, et que celui-ci lui avait paru très-heureux quand il l'avait félicité d'une pareille affection. Ces propos, adroitement répétés, firent naître de la jalousie à la comtesse.

Elle en étourdissait Saint-Lambert, qui pensa rompre avec elle.

Dans le même temps, le marquis recevait une lettre anonyme dans laquelle on lui disait que Rousseau et la comtesse le jouaient et vivaient ensemble dans l'union la plus intime. Certains faits étaient tellement précisés que Saint-Lambert eut une explication très-vive avec Mme d'Houdetot, et finit par lui rendre la justice qui lui était due. La comtesse parla confidentiellement de cette lettre à Rousseau, des tracasseries qu'elle lui avait occasionnées, et lui dit avec un air de tristesse : « Ou rompons, ou soyez avec moi tel que vous devez être. » On ignorait quel était l'auteur de cette lettre, les plus clairvoyants soupçonnèrent la jalouse Thérèse. Le philosophe humilié aima mieux l'attribuer à Mme d'Épinay, prétendant, comme s'il en eût été certain, que cette artificieuse intrigue était le résultat de sa passion pour Saint-Lambert.

Il s'exaltait sur cette fausse donnée et allait publiant partout la prétendue duplicité de la marquise. Il vint même au presbytère d'Épinay raconter ses griefs à l'abbé Pourèz; ce curé, homme de sens et de jugement, ne l'écouta pas et lui dit que la marquise était bienveillante pour lui et ses pauvres; qu'il ne se fâcherait pas avec elle au sujet de leurs disputes éternelles, dont il ne voulait même pas entendre parler.

Mme d'Épinay, ignorant la conduite de Rousseau, lui écrivit comme à l'ordinaire, engageant *son ours* à venir la voir. L'ours grogna et trouva qu'elle ajoutait l'ironie en voulant qu'il allât se consoler chez elle. Il prit la plume d'une main fébrile, écrivit à la marquise la lettre suivante dans laquelle il lui reprochait des torts qui n'existaient que dans sa tête détraquée : « Je ne peux aller vous voir ni recevoir votre visite tant que durera l'inquiétude où je suis. Vous ne comprenez rien, dites-vous, à ma conduite. Je ne suis pas dupe de votre ruse, mais je vais m'expliquer plus clairement : Deux amants s'aiment, on a tenté de les désunir, et c'est de moi qu'on s'est servi pour donner de la jalousie à tous les deux. C'est une méchanceté dont je vous soupçonne ! Ainsi, la femme pour laquelle j'ai le plus d'estime (Mme d'Houdetot) aurait eu l'infamie de partager sa personne entre deux amants, et moi je serais un de ces deux lâches. Je ne sais auquel des trois vous avez voulu nuire. Si vous aviez tenu une pareille conduite, je deviendrais votre irréconciliable ennemi. Vos secrets seuls seraient respectés. Si je me trompe, j'aurai de grands torts à réparer, et le ferai en vous disant sincèrement ce qu'on pense de vous dans le monde et les *brèches que vous avez à réparer dans votre réputation.* » Ne dirait-on pas que l'ermite est blanc comme neige et n'aurait fait aucune tentative pour être un des *deux lâches* dont la conduite lui fait maintenant horreur ?

Mme d'Épinay, qui ne songeait ni à Saint-Lambert ni à chasser sur le bien d'autrui, fut atterrée d'une pareille lettre. « Vous me faites pitié, répondit-elle à Rousseau ; si je ne vous croyais pas fou ou sur le point de l'être, je ne me donnerais pas la peine de vous répondre et ne vous reverrais de ma vie. »

Le jour même, l'ermite s'aperçut qu'il avait fait une gaucherie et qu'on n'écrit pas à une femme de pareilles choses si l'on n'a pas la conviction de sa culpabilité et si l'on n'est pas décidé à rompre avec elle. Il vînt après dîner faire ses excuses à la marquise, pleura, se jeta à ses pieds, disant qu'on l'avait trompé en l'assurant qu'elle avait une passion très-vive pour Saint-Lambert. Il parla de quitter le pays et de s'en retourner dans sa patrie.

A cette époque, Saint-Lambert était reparti pour son régiment. Mme d'Houdetot vint à la Briche, les yeux gros comme des poings, et ne cessait de se lamenter. Il paraît que l'orage était tombé sur elle. Rousseau alla pour la voir à Eaubonne. La comtesse ne le reçut pas, se dit malade et l'engagea à ne plus se présenter chez elle. Les lettres de l'ermite à Mme d'Épinay étaient désespérantes.

Grimm écrivit à la marquise, le **27 juillet 1757**, pour calmer ses inquiétudes au sujet de la bataille de Hastenbeck gagnée par son corps d'armée. Après lui avoir donné quelques détails sur les opérations militaires et parlé de ses occupations, il revient, selon sa coutume, aux folies de Rousseau dont il souffre pour Mme d'Épinay. Il la blâme encore une fois de lui avoir donné un refuge à l'Ermitage; « car une tête aussi chaude et aussi mal organisée que la sienne supporte difficilement la solitude. Le mal est fait; vous l'avez voulu, pauvre amie. Il est certain que cela finira par quelque diable d'aventure que je ne peux prévoir. Je trouve que c'est déjà un grand mal que vous vous soyez exposée à recevoir des lettres insultantes. On m'a remis le second envoi de votre roman; le paquet est arrivé en fort mauvais état, fort mouillé et tout décacheté. Je vous demande en grâce de ne plus rien m'envoyer. Je compte vous voir à la fin de ce mois ou au commencement de l'autre. »

Mme d'Épinay fut dans le ravissement d'apprendre une si bonne nouvelle; elle en témoigna sa joie à Grimm et lui apprit la rupture de Rousseau avec la comtesse, à laquelle il avait écrit lettres sur lettres qui étaient restées sans d'autre réponse qu'un billet de quatre lignes, dans lequel elle lui disait que c'était le dernier, car elle n'en écrirait ni recevrait d'autre à l'avenir.

Quand cet arrêt fut signifié, la fièvre le prit avec

le délire. Thérèse, tout effrayée, vint en prévenir Mme d'Épinay qui lui envoya un médecin. Diderot alla le voir à l'Ermitage.

A peine fut-il sur pied qu'il vint passer trois jours à la Briche, où il pensa mourir la seconde nuit. Le lendemain, il dit à la marquise qu'elle n'avait pas pitié de lui et qu'il se donnerait la mort. « Vous ferez bien, répliqua-t-elle dans un premier moment d'humeur, puisque vous n'avez pas le courage d'être vertueux. » Elle adoucit cependant sa phrase en n'attribuant ses erreurs qu'à sa mauvaise tête.

Tandis que l'ermite était si malheureux des rigueurs de Mme d'Houdetot, Saint-Lambert était bien à tort dominé par une certaine inquiétude qu'il ne pouvait maîtriser ; il écrivit à Mme d'Épinay une lettre dont elle fit mystère à Rousseau et dans laquelle il parlait de la comtesse en termes donnant à croire qu'il n'en était pas content. Mme d'Houdetot, qui eut connaissance de cette lettre, pria sa belle-sœur d'écrire au marquis pour lui persuader que ses sentiments n'étaient pas changés. Mme d'Épinay refusa de s'engager dans une pareille correspondance.

Thérèse vint la trouver à la Briche de la part de Rousseau, qui désirait avoir des nouvelles de sa santé. Cette fille lui apprit que Diderot était venu une seconde fois à l'Ermitage, et qu'après son départ le philosophe avait écrit une lettre de huit pages à Saint-Lambert. Thérèse, cette fois, disait vrai; car voici ce que Diderot raconta à Grimm quand celui-ci fut de retour de l'armée.

Rousseau l'ayant mandé à l'Ermitage, il y alla et le trouva dans un état déplorable. Le philosophe lui dit qu'il avait, en effet, la plus violente passion pour la comtesse d'Houdetot, mais que ses principes n'étaient pas de s'y livrer quand même il en serait écouté. « Le sujet de mon tourment, ajouta-t-il, celui qui déchire mon âme, c'est que Saint-Lambert soupçonne si fortement ma passion qu'il est jaloux de moi qui suis son ami, et qu'il tourmente la comtesse à mon égard, au point de croire qu'elle partage mes sentiments, tandis que je ne me suis jamais permis de les lui faire connaître, qu'elle les ignore et qu'elle les ignorera toujours. » (Ceci est faux, puisqu'il dit lui-même le contraire dans ses *Confessions*.) « C'est Mme d'Épinay, ajoutet-il, qui a mis le trouble parmi nous par son inépuisable coquetterie et ses intrigues. »

Diderot lui conseilla d'écrire au marquis : « Faites-lui l'aveu de votre passion en protestant que la comtesse l'ignore ; vous la justifierez à ses yeux et lui montrerez la volonté d étouffer des sentiments nés dans votre cœur malgré vous. » Ce conseil transporta Rousseau de reconnaissance, et, après avoir composé sa lettre, il cessa brusquement de rechercher la comtesse. Cette résolution dura peu, car il saisit bientôt toutes les occasions de la voir et la vit chaque fois qu'elle ne pouvait l'éviter. Sachant qu'elle aimait passionnément la musique, il composa un motet pour la dédicace de la chapelle de la Chevrette. Il s'évertuait à toucher toutes les fibres de son âme ; elles ne rendaient aucun son pour lui.

Diderot, se trouvant quelques jours après chez le baron d'Holbach, y rencontra Saint-Lambert qui venait de rentrer à Paris. Il lui parla de Rousseau. Saint-Lambert laissa échapper quelques mots de mépris. Diderot s'en étonna, et lui dit que Rousseau devait s'attendre à un traitement plus doux d'après la lettre qu'il lui avait écrite. — De quelle lettre me parlez-vous? répliqua Saint-Lambert. Je n'en ai reçu qu'une à laquelle on ne répond que par des coups de bâton. (Rousseau trompe donc encore une fois ses lecteurs en parlant d'une réponse du marquis datée de Wolfenbüttel.) Diderot resta pétrifié. Saint-Lambert lui apprit que cette lettre ne contenait qu'un long sermon sur la nature de la liaison qui existait entre lui et la comtesse ; qu'il lui en faisait honte et le traitait comme un scélérat qui abusait de la confiance de M. le comte d'Houdetot. « Vous remarquerez, ajouta-t-il, que la comtesse possède plus de vingt lettres de Rousseau, plus passionnées les unes que les autres, tandis qu'il vous a juré qu'il mourrait plutôt que de lui faire l'aveu de sa passion. »

Diderot, se voyant joué, alla le lendemain à l'Ermitage pour avoir une explication. Rousseau s'emporta et lui dit : « Voilà les lettres de Mme d'Houdetot, vous y lirez ma justification. » Dans la première sur laquelle Diderot mit la main, il lut des reproches que lui faisait la comtesse d'abuser de sa confiance pour l'alarmer sur ses liaisons avec le marquis, tandis qu'il ne rougissait pas d'employer les piéges, la ruse et les sophismes les plus adroits pour la séduire. « Vous êtes fou, s'écria Diderot, de vous être exposé à me laisser lire ceci ; lisez donc vous-même, cela est clair. » Rousseau balbutia, entra dans une fureur inconcevable en se plaignant du zèle indiscret de ses amis. Il fit un crime à Diderot d'avoir parlé de sa lettre à Saint-Lambert et d'avoir violé son secret, accusation mal fondée puisque c'était Diderot lui-même qui lui avait conseillé d'écrire au marquis pour se justifier et non pour lui faire des mensonges. Diderot partit indigné.

Mme d'Épinay étant malade, l'ermite vint la voir. Il était depuis deux jours près d'elle lorsque Grimm, revenu de l'armée, arriva à la Chevrette. La présence de Grimm lui rendit désagréable le séjour du château. On le délogea, dit-il, de la chambre de faveur contiguë à celle de la marquise qu'il occupait ; et comme il plaisantait sur l'éloignement qu'on lui faisait subir, Mme d'Épinay en parut embarrassée. Cependant ses liaisons avec Grimm étaient connues de tout le monde, même de son mari.

L'ermite fut mécontent de l'accueil du nouveau venu, « qui se trouvait jadis honoré de son regard et qui avait maintenant avec lui un abord comme celui du comte de Tuffière. »

Rousseau fit part de ses griefs à Mme d'Épinay, dont le sort était d'être toujours tracassée par les brouilleries et les rivalités de ses amis. Elle excusa Grimm sur son caractère concentré et voulut que Rousseau ne lui gardât pas rancune. Il alla le revoir, dit-il, comme un autre Georges Dandin pour lui demander excuse des offenses qu'il en avait reçues. Il s'attendait, d'après cela, que Grimm le recevrait à bras ouverts; il le reçut en empereur romain, lui faisant l'énumération de ses propres vertus. On se réconcilia néanmoins, et cette réconciliation ne changea pas les manières de Grimm.

Voici maintenant la narration de Mme d'Épinay touchant l'entrevue des deux philosophes : Rousseau courut au-devant de Grimm en lui tendant la main, non comme quelqu'un qui a des torts et cherche à les réparer, mais comme un homme généreux qui tend la main à un coupable et qui pardonne. Le lendemain, Rousseau dit à la marquise : « Vous devez être contente, Madame ; Grimm doit l'être aussi : je me suis assez humilié pour complaire à tous les deux. » Mme d'Épinay ne put rien comprendre à cette humiliation, car Rousseau avait assez décrié Grimm en l'accusant de chercher à lui faire perdre le pain qu'il s'efforçait à gagner.

Une grande nouvelle vint désagréablement surprendre la secte philosophique : Desmahis, que nous avons déjà plusieurs fois cité et qui avait été accueilli à l'âge de dix-huit ans dans les plus brillantes sociétés sous les auspices de Voltaire, s'était publiquement converti et avait rompu avec les philosophes. Ceux qui étaient allés le voir pour l'amender rapportèrent qu'ils avaient trouvé porte close et qu'il était enfermé dans sa chambre avec deux jésuites qui ne le quittaient pas ; que sa santé était pitoyable, son exaltation extrême, et qu'on le disait fou.

Il avait offert, du temps de ses erreurs, à la marquise une pièce de vers qu'elle avait trouvée belle ; mais lorsqu'il la lui fit redemander pour la détruire, elle la trouva pleine de mièvreries, d'emphase, et la rendit avec humeur.

Le pauvre Desmahis, auquel on a accordé toutes les qualités du cœur, la haine de la satire, était réellement malade, car il mourut peu de temps après à l'âge de trente-neuf ans.

Outre sa comédie de l'*Impertinent*, il avait composé une foule de pièces fugitives et quelques articles pour l'Encyclopédie pleins d'afféterie, de style et d'idées frivoles.

Cette mort passa comme un nuage sous les yeux de la marquise, car sa vie était constamment occupée par un mélange d'amour maternel, de bonheur et de soucis.

Son mari qui était venu lui faire visite, ayant omis d'apporter l'argent nécessaire à la tenue de la maison, pria Grimm de passer chez lui le jour suivant. On lui demanda un billet pour son caissier. Il allait s'esquiver pour regagner sa voiture qui l'attendait dans l'avenue, lorsqu'on l'entoura pour s'opposer à son départ et le contraindre à s'exécuter. Singulier mari que M. d'Épinay ! Il refuse à sa femme l'argent dont elle a besoin pour recevoir ses amis, comme si les amis de Madame n'avaient pas toujours été les siens.

Alors s'aggravait la maladie de la marquise. Sa maigreur était extrême, ses bagues ne lui tenaient plus aux doigts, et, ce qui paraissait effrayant chez elle, c'était un tiraillement convulsif qui avait allongé ses traits de manière à la rendre méconnaissable. Duclos allait répétant partout qu'elle devenait folle, que Grimm la tyrannisait, qu'il le lui avait prédit, mais qu'elle n'avait jamais eu de tête et n'en aurait jamais.

Le mauvais état de sa santé lui fit prendre le parti de quitter toutes ses affections pour se rendre à Genève et se mettre sous la direction du docteur Tronchin, célèbre empirique dont la réputation était européenne et auquel on attribuait une foule de cures merveilleuses.

Quand Diderot connut la décision de Mme d'Épinay, il écrivit à Rousseau que, puisqu'il avait témoigné plusieurs fois le désir de revoir sa patrie, l'occasion ne pouvait être meilleure; qu'il était obligé d'accompagner la marquise, seul moyen de s'acquitter de tout ce qu'il lui devait et de pouvoir rompre ensuite décidément ave elle, *si elle avait envers lui tous les torts qu'il lui reprochait.* Rousseau fit la gaucherie de venir à la Chevrette et de communiquer cette lettre à Mme d'Épinay. Elle comprit que le solitaire continuait toujours à la décrier, bien qu'il lui eût demandé pardon de sa conduite et de son injustice envers elle.— « Veuillez m'apprendre, Rousseau, quels sont mes torts; expliquez-vous ! » Il resta interdit de l'imprudence de sa communication. Elle allait le chasser de son appartement lorsqu'il tomba à ses pieds, lui demandant grâce et l'assurant qu'il allait écrire sur-le-champ à Diderot pour la justifier.

Il sortit furieux du salon. Grimm, toujours froid, agressif et superbe, y entra aussitôt et blâma la marquise d'avoir si facilement pardonné à Rousseau malgré ses extravagances. L'ermite resta dans sa chambre et ne parut que le lendemain, au moment où Mme d'Épinay quittait la Chevrette pour aller à Paris faire les préparatifs de son voyage. Il lui remit la lettre qu'il venait d'écrire à Diderot, prit congé d'elle et lui dit : « Il me reste à vous prier, Madame, de me laisser à l'Ermitage jusqu'à votre retour, ou, du moins, jusqu'au printemps. — Vous en êtes le maître, Monsieur, tant que vous vous y trouverez bien. » Elle monta en voiture et partit.

Ce jour-là même, alors que la saison devenait mauvaise, Mme d'Houdetot était venue faire ses adieux à la vallée et avait donné rendez-vous au philosophe à Eaubonne. Il s'y rendit avec la résolution d'être sage et de respecter la maîtresse de son ami. Il passa, dit-il, quatre à cinq heures avec elle dans un calme délicieux préférable à ces accès de fièvre ardente qu'il avait eus près d'elle. Elle lui apprit le retour prochain de Saint-Lambert, assez bien rétabli d'une attaque qu'il avait eue et devant quitter le service pour venir vivre paisiblement à ses côtés, car il n'était plus en état de supporter les fatigues de la guerre. Lorsque l'ermite prit congé de Mme d'Houdetot, elle l'embrassa devant tous ses domestiques. « Ce baiser, dit-il, fut accueilli froidement et ne ressemblait pas à ceux qu'il avait dérobés sous les feuillages. » Il se crut radicalement guéri. Ainsi finirent ses liaisons avec la comtesse. Il lui fit ses adieux, ne comptant plus la revoir. Ils les avait faits le matin même à Mme d'Épinay, qu'il ne rencontra que deux ou trois fois.

Dans la lettre que Rousseau avait remise à Mme d'Épinay en quittant La Briche, pour la justifier auprès de Diderot, l'incorrigible ermite continuait ses invectives et disait, en parlant de la marquise, que cette femme ne lui pardonnerait jamais de lui avoir dit ses vérités. « Nous sommes quittes, et je ne sens pas la nécessité de la suivre, je réponds qu'elle ne s'en soucie guère. » Grimm fut atterré de l'expression de pareils sentiments. Il eut beau raconter à Diderot les faits dans leur plus exacte vérité, il ne put entièrement détruire ses préventions. Ils convinrent néanmoins de rechercher les motifs qui excitaient la bile de l'ermite.

Pendant ce temps-là Mme d'Houdetot, ignorant ce qui se passait, prit sur elle d'aller voir l'ermite pour l'engager à partir avec sa belle-sœur, qui était encore à Paris. Il répondit qu'il écrirait à Mme d'Épinay ; il le fit en effet, et lui dit : « que l'empressement que mettaient ses amis à le faire partir, sans considération pour son état, lui faisait soupçonner une espèce de ligue dont elle était le mobile. » Le reste était le développement de la même pensée.

Mme d'Épinay, voyant qu'elle ne pouvait éviter une rupture sans se manquer à elle-même, chercha le moyen de pourvoir au sort de Rousseau, qui allait se trouver sans ressources. Elle écrivait, à ce sujet, ses pensées quand Grimm intervint et l'interrompit en disant « qu'elle ne pouvait et ne devait plus rien faire sans se compromettre ». Elle en fut convaincue et jeta son écrit au feu.

Devant quitter Paris le lendemain, elle fit tenir à Grimm les recommandations suivantes pleines de reconnaissance, d'amour maternel et de sentiment filial : « Songez que je vous confie un dépôt précieux : le soin de mon enfant et celui de ma mère. Consolez-la, cette digne et respectable mère. Veillez à sa conservation. Elle va être privée du fruit de ses peines, de la vigilance d'une fille tendre et soumise. Qu'elle retrouve en vous tous les sentiments dont mon cœur est rempli pour elle. Si l'événement la privait pour toujours de cette consolation, c'est vous qui devez lui fermer les yeux. Que ma fille apprenne de votre bouche les malheurs et le sort de sa mère... Pardon, mon ami, encore un mot : *donnez-lui les principes que je vous dois...* Adieu, l'espérance de vous revoir est ma consolation et mon soutien. »

De son côté Rousseau, voulant se justifier auprès de la marquise, écrivit maladroitement à Grimm une longue lettre dont nous citerons les principaux traits.

« Qu'est-ce qui peut m'obliger à suivre Mme d'Épinay... Si elle m'a témoigné de l'amitié, je lui en ai témoigné davantage... Tous deux malades, je ne lui dois pas plus qu'elle ne me doit qu'au cas où le plus souffrant serait obligé de garder l'autre. Elle a des amis moins malades, moins pauvres que moi, et je ne vois pas qu'aucun se fasse un devoir de la suivre. Pourquoi achèterait-elle, aux dépens de mon indépendance et de ma santé, les soins d'un complaisant aussi maladroit que moi ?

« Qu'a fait pour moi Mme d'Épinay? Elle a fait bâtir une petite maison à l'Ermitage. Je voulais me retirer dans ma patrie; elle remua ciel et terre pour me retenir. Dès ce moment, j'ai toujours senti que j'étais chez autrui. Mme d'Epinay, seule à la campagne, désirait que je lui tinsse compagnie. C'était pour cela qu'elle m'avait retenu. J'ai pourtant vécu deux ans dans sa maison, assujetti sans relâche avec les plus beaux projets de liberté, servi par vingt domestiques et nettoyant tous les matins mes souliers, surchargé de tristes indigestions et soupirant sans cesse après ma gamelle.

« Quant à mon utilité auprès de Mme d'Épinay, je ne la comprends pas. Elle part dans une bonne chaise de poste, accompagnée de son mari, du gouverneur de son fils et de cinq à six domestiques. Elle va dans une ville pleine de société où elle n'aura que l'embarras du choix. Elle va chez Tronchin, son médecin, homme d'esprit, homme considéré et recherché. De quelle utilité lui serais-je, moi malade et ne pouvant soutenir l'incommodité d'une chaise de poste? Je pourrais suivre sa voiture à pied, comme veut Diderot. Quelque fort que je courre, comment faire vingt-cinq lieues par jour? Ainsi le philosophe Diderot, dans son cabinet, au coin d'un bon feu, dans une bonne robe de chambre bien fourrée, veut que je supporte toutes ces incommodités et que je marche dans la boue avec de mauvais souliers, parce que se crotter est le métier d'un pauvre. Si la philosophie ne sert point à faire ces distinctions, je ne vois pas, ma foi, à quoi elle est bonne. »

Toutes ces spirituelles plaisanteries répondent à cette pensée de Diderot : que l'ermite devait accompagner Mme d'Épinay, dût-il faire la route à pied. Cette dernière obligation ne pouvait être prise à la lettre C'est elle pourtant qui fournit cette page de railleries au malin solitaire.

Il continue gravement en disant : « Je crois devoir à Mme d'Épinay de ne pas quitter sa maison d'un air mécontent qui supposerait une brouillerie entre nous. Il serait dur de déloger dans cette saison. Mon départ sera plus naturel au printemps, et je suis résolu d'aller chercher une retraite inconnue à la barbarie des tyrans qui se disent mes amis. »

Grimm envoya cette lettre à Diderot pour lui apprendre à connaître l'homme, mais il se garda bien de la communiquer à Mme d'Épinay ; il répondit à Rousseau : « Je n'ai pas cru que vous dussiez faire le voyage avec Mme d'Épinay. Un premier sentiment devait vous engager à vous offrir ; vous ne l'avez pas eu, et je n'en ai pas été scandalisé. Croyez que Mme d'Épinay vous en aurait empêché en rappelant ce que vous devez à votre situation, à votre santé, et à *ces femmes que vous avez entraînées dans votre retraite.* Il est vrai que, vous ayant entendu dire que vous vouliez partir pour Genève, mes amis et moi avons été surpris de vous voir rester lorsque vous aviez une occasion si naturelle et si honnête pour partir. Je ne connaissais pas votre monstrueux système ; il m'a fait frémir d'indignation... J'y vois des principes si odieux, tant de noirceur et de duplicité... Si je pouvais vous pardonner, je me croirais indigne d'avoir un ami. Je ne vous reverrai de ma vie, et je me croirai heureux si je puis bannir de mon esprit le souvenir de vos procédés. »

Rousseau prétend que cette lettre est écrite en

termes tels que la plus infernale haine peut les
dicter; que Grimm lui défendait sa présence comme
il lui aurait défendu ses États. Il lui renvoya sa
lettre accompagnée de la réponse suivante : « Je
me refusais à ma juste défiance ; j'achève trop tard
de vous connaître. Voilà donc la lettre que vous
vous êtes donné le loisir de méditer. Je vous la renvoie. Elle n'est pas pour moi. Vous pouvez montrer
la mienne à toute la terre et me haïr ouvertement ;
ce sera, de votre part, une fausseté de moins. »

Le solitaire ne se contint plus et continua d'accuser Diderot d'avoir trahi sa confiance auprès de
Saint-Lambert; Saint-Lambert vint à l'Ermitage pour
s'expliquer avec Rousseau au sujet de la lettre qu'il
en avait reçue et lui conter comment l'explication
s'était faite chez le baron d'Holbach entre lui et
Diderot. Il le quitta convaincu qu'il l'avait dissuadé
de ses soupçons. Point du tout ! Quatre jours après
il parut une lettre de Rousseau dans laquelle il
redoublait d'invectives contre Diderot et l'accusait
d'être un homme sans honneur et *sans religion*.
Cette lettre était sous presse lorsqu'il jurait à Saint-
Lambert qu'il était heureux d'apprendre que son
ami fût innocent.

Saint-Lambert, auquel il avait offert un exemplaire de cette lettre, le lui renvoya en lui écrivant d'Eaubonne qu'il n'avait pas le droit de faire une insulte publique à Diderot, surtout dans un temps où ce dernier essuyait des persécutions.

Le philosophe irrité répondit à Saint-Lambert que sa lettre était inexcusable ; qu'il ne continuerait pas à copier de la musique pour Mme d'Houdetot, qui devait avoir eu connaissance de son impertinente missive, et que cette dame eût à faire reprendre son papier et l'argent qu'elle lui avait avancé.

Grimm, de son côté, courut chez Diderot pour savoir ce qu'il en était des plaintes de Rousseau. Diderot lui raconta les circonstances que nous avons détaillées au sujet de sa visite à l'Ermitage et du conseil qu'il avait donné au solitaire d'écrire à Saint-Lambert. Grimm fit part à Mme d'Épinay de ce qu'il venait d'apprendre en la priant de se tenir sur ses gardes avec un tel homme.

Dans le même temps, le concierge de la marquise lui écrivit que Rousseau l'avait prévenu qu'il délogerait bientôt de l'Ermitage. Elle répondit que s'il persistait dans cette résolution on fit rentrer les meubles qu'elle lui avait prêtés chez M™e d'Esclavelles, et qu'on laissât cependant à M™e Le Vasseur et à sa fille ce dont elles auraient besoin. Elle pria Grimm de s'occuper de leur sort et surtout de celui de la vieille mère.

Pendant que M™e d'Épinay était en route pour Genève, Rousseau avait écrit à Tronchin que l'âme et le corps de cette dame avaient le plus grand besoin de se remettre entre ses mains : « Quant aux secours physiques, ajoutait-il, qu'elle attend de vous, vous la trouverez docile ; il n'en sera pas de même *sur les principes*. Il est inconcevable qu'une femme qui a autant d'esprit mette sans cesse sur le compte de sa raison les erreurs et les caprices de ses penchants... Oui, je suis convaincu qu'il n'est point d'homme si honnête qu'il soit, s'il suivait toujours ce que le cœur lui dicte, qui ne devînt en peu de temps le dernier des scélérats. Je vous entretiens de tout cela parce que, quand je parle d'elle, je crois lui parler. »

Tronchin, qui ne concevait pas l'à-propos de cette lettre, en demanda le sens à M™e d'Épinay ; celle-ci ne le comprit que trop bien et fut naturellement très-blessée. Tronchin partagea ce sentiment.

La marquise, qui voyait la meilleure société de Genève, alla plusieurs fois dîner aux *Délices*, chez Voltaire, qui se confondait en amabilités avec elle. C'était une compensation à la lettre suivante, que Rousseau lui adressa : « Si l'on mourait de douleur je ne serais pas en vie ; mais, enfin, j'ai pris mon parti. L'amitié est éteinte entre nous, Madame, mais celle qui n'est plus garde encore des droits que je sais respecter. Je n'ai point oublié vos bontés pour moi, et vous devez compter, de ma part, sur toute la reconnaissance qu'on peut avoir pour quelqu'un qu'on ne doit plus aimer. Toute autre explication serait inutile. J'ai pour juge ma conscience et vous renvoie à la vôtre.

« J'ai voulu quitter l'Ermitage et je le devais ; mais on prétend qu'il faut que j'y reste jusqu'au printemps, et, puisque mes amis le veulent, j'y resterai si vous y consentez. »

Ces amis étaient la bonne Mme d'Houdetot, qui, s'apitoyant sur la détresse dans laquelle allait se trouver le solitaire amoureux, avait écrit à sa belle-sœur : « Vous avez su une partie des bizarreries de notre ermite. Accoutumée à ses vivacités depuis dix ans que vous êtes son amie, vous devez l'être à l'indulgence pour lui et vous ne devez donner de valeur à ses propos que celle qu'il lui donnera lui-même quand il pourra y songer de sang-froid. Je vous avoue que je l'ai pressé de ne pas quitter l'Ermitage. Laissez-le donc quelque temps à lui-même et à ses réflexions, et vous le trouverez tel qu'il a toujours été pour vous. »

Cette lettre arriva deux jours trop tard à Genève. Du reste, elle n'aurait rien changé aux dispositions de la marquise, qui avait déjà répondu en ces termes à la dernière missive de Rousseau : « Après vous avoir donné, pendant plusieurs années, toutes les marques possibles d'amitié et d'intérêt, il ne me reste qu'à vous plaindre. Vous êtes bien malheureux. Je désire que votre conscience soit aussi tranquille que la mienne ; cela pourrait être nécessaire au repos de votre vie.

« Puisque vous vouliez quitter l'Ermitage et que

vous le deviez, je suis étonnée que vos amis vous aient retenu. Pour moi, je ne consulte jamais les miens sur mes devoirs, et je n'ai plus rien à vous dire sur les vôtres. »

Rousseau n'avait alors d'autre parti à prendre que de déloger au plus vite. Il le fit, et en informa la marquise en ces termes : « Rien n'est si simple et si nécessaire, Madame, que de quitter votre maison quand vous n'approuvez pas que j'y reste. Sur votre refus de consentir que je passasse à l'Ermitage le reste de l'hiver, je l'ai donc quitté le 15 décembre 1757. Ma destinée était d'y entrer malgré moi et d'en sortir de même. Je vous remercie du séjour que vous m'avez engagé d'y faire, et je vous en remercierais davantage si je l'avais payé moins cher. Au reste, vous avez raison de me croire malheureux ; personne au monde ne sait mieux que vous combien je dois l'être. Si c'est un malheur que de se tromper sur le choix de ses amis, c'en est un non moins cruel de revenir d'une erreur si douce. »

Cette lettre est adroite et mesurée ; les torts

seraient du côté de la marquise, elle aurait manqué de cœur envers son ami si l'on ne connaissait pas exactement les faits qui ont motivé sa décision. Elle s'en explique dans sa réponse à la comtesse et lui dit : « Que la duplicité de Rousseau lui fait peur, qu'elle n'aurait peut-être pas pris garde à son impertinence si elle n'eût craint, en le retenant à l'Ermitage, de donner un consentement dont il aurait abusé contre elle ; qu'elle apprend, du reste, qu'il est établi à Montmorency ; qu'elle en est fâchée pour lui, mais que ce n'est pas elle qui en est cause. » On reconnaît peut-être un peu trop dans cette réponse les sentiments de Grimm, qui avait toujours cru qu'il serait impossible à Mme d'Épinay de vivre en paix avec son *ours*.

Ainsi fut abandonné l'Ermitage, qui serait retombé dans son obscurité première si Rousseau ne l'eût rendu célèbre par son originalité, sa prose mélodieuse, ses amours et ses paradoxes.

En acceptant le congé de Rousseau, Mme d'Épinay s'occupa de caser la mère de Thérèse. Grimm lui proposait de la prendre chez elle. Elle dit qu'il lui serait impossible de la loger ni à Paris ni à la campagne, et quand elle le pourrait, elle craindrait que M. d'Épinay ne s'y refusât. « Arrangez d'ailleurs son sort comme vous l'entendrez ; qu'elle soit bien, je souscrirai à tout ; mon intention est de me charger de la moitié des frais ; si ce n'est pas assez, j'en prendrai davantage. » Elle fut placée chez un ouvrier, son parent, à raison de 60 livres de loyer et de 15 sous par jour pour sa nourriture. Grimm lui donna quelques meubles pris sur ceux qu'on avait tirés de l'Ermitage.

Mme d'Épinay, très-recherchée à Genève, fit une nouvelle visite à Voltaire. Voici le portrait qu'elle fait à Grimm du philosophe de Ferney : « Je n'aimerais pas à vivre toujours avec lui ; il n'a nul *principe arrêté* ; il compte trop sur sa mémoire et il en abuse souvent : je trouve quelquefois qu'elle fait tort à sa conversation ; il redit plus qu'il ne dit et ne laisse jamais rien à faire aux autres. Il ne sait point causer et il humilie l'amour-propre ; il dit le pour et le contre tant qu'on veut, toujours avec de nouvelles grâces à la vérité, et néanmoins il a toujours l'air de se moquer de tout, même de sa propre personne. Pour sa nièce, Mme Denis, elle est tout à fait comique. »

Après cette étude sur Voltaire, Mme d'Épinay, dans ses moments de rêveries, traça pour ses mémoires le portrait de l'homme auquel elle avait consacré ses plus doux sentiments et son cœur : « M. Grimm a l'âme tendre, généreuse et élevée, des *principes sévères*, l'esprit juste, pénétrant et profond. Son caractère est un mélange de vérité, de douceur, de sauvagerie, de sensibilité, de réserve, de mélancolie et de gaieté. Il pense et s'exprime fortement, mais sans correction, et pourtant sait se faire écouter. Devant les personnes qui l'ennuient un silence profond et un air distrait ne tardent pas à s'emparer de lui. »

Le portrait que Rousseau fait de Grimm à son tour contraste singulièrement avec celui que nous venons de lire. Il le dépeint comme un homme fier, faux et dissimulé, arrogant avec tout le monde, mais avec personne aussi brutalement qu'avec lui. A son ton naturellement tranchant, dit Rousseau, il ajoute la suffisance d'un parvenu. « Je lui avais donné tous mes amis sans exception ; ils étaient tous devenus les siens, et de tous ses amis jamais un seul ne m'a montré la plus petite bienveillance. Si ce sont là des effets de l'amitié, quels seront donc ceux de la haine? » Ces reproches sont probablement exagérés, d'où l'on peut conclure, sans porter un jugement trop rigoureux, que ces deux hommes ne se convenaient pas ; que s'il fallait souffrir des boutades de l'un et de la fierté de l'autre, aucun des deux ne voulait se plier à ces nécessités.

Grimm devait aller rejoindre Mme d'Épinay à Genève, mais il avait besoin de deux mois pour revoir un ouvrage important que Diderot allait publier. La marquise s'affligeait de ce retard, et, comme elle était assez souffrante de crampes convulsives, elle pensa que si son ami avait besoin d'un prétexte aux yeux du monde pour venir près d'elle celui-là n'était que trop valable.

Une lettre que Tronchin écrivit à Grimm était peu rassurante, car il ne savait trop que penser de la maladie. Grimm acheta une chaise de poste et partit. Il ne trouva pas Mme d'Épinay dans un état effrayant, mais il était inquiétant pour l'avenir. La confiance qu'il avait en Tronchin diminua ses alarmes; il jugea néanmoins qu'elle n'existerait plus si elle n'était pas venue à Genève, et qu'il ne devait pas la quitter. Il demanda à Diderot de lui adresser ses cahiers, s'obligeant à les lui renvoyer aussitôt qu'il les aurait lus.

Grimm, craignant d'être blâmé pour avoir entrepris son voyage sans en avoir prévenu le duc d'Orléans, le pria de l'excuser. Son départ fit du bruit dans les salons de la capitale, car dans une seconde lettre à Diderot il se plaint de l'injustice des hommes qui attribuent un motif suspect à son voyage : « Vous pourrez dire, en toute vérité, que Mme d'Épinay était à la mort en arrivant ici; que depuis dix-huit mois qu'elle y est Tronchin la fait vivre comme par enchantement; qu'elle n'est pas encore en état de supporter la route, et qu'elle ne perdra pas un instant pour retourner à Paris dès que sa guérison sera tout à fait constatée; mais je tremble pour elle que tous les sacrifices qu'elle a faits à sa santé ne soient en pure perte à cause des folies de son

mari. Bon Dieu! que cette femme est à plaindre! »
On ne saurait s'exprimer avec plus de tact, de raison et de sensibilité.

La fin de sa lettre fait connaître l'origine du travail qui a valu le titre de littérateur célèbre à son auteur : « Il ne faut pas compter sur notre retour avant le mois de septembre. J'ai des affaires en vue, et j'aurai la consolation de n'être plus un être oisif et inutile au milieu de la société.... La cour de Gotha me presse d'entreprendre une correspondance littéraire avec elle. Ceci me plaira si l'on veut attendre mon retour à Paris, car je ne laisserai pas Mme d'Épinay revenir seule. Vous ne me dites pas si vous êtes content de ma besogne ; j'attends les derniers cahiers de la vôtre. »

Enfin nous laisserons, pour quelques mois encore, Mme d'Épinay à Genève, et nous reviendrons à elle après avoir esquissé à grands traits ce qui nous reste à dire de Rousseau, personnage le plus important de ses anciens amis. La vie de la marquise sera désormais indépendante de celle du philosophe. Il n'en parlera plus dans ses mémoires ;

elle-même, dans sa correspondance, évitera de prononcer son nom.

Après un séjour de plus de vingt mois à l'Ermitage, où il était resté depuis le 9 avril 1756 jusqu'au 15 décembre 1757, Rousseau alla habiter une petite maison que M. Mathas, procureur fiscal de la terre seigneuriale de Montmorency, avait dans son jardin de Mont-Louis. Il congédia Mme Le Vasseur dont il était mécontent, promettant de ne pas la laisser manquer de pain tant qu'il en aurait lui-même. Nous avons vu que Mme d'Épinay avait déjà pourvu au sort de cette femme, en payant sa pension chez un ouvrier du village de Deuil.

Rousseau se mit à l'œuvre au cœur de l'hiver; ce fut dans le petit donjon ouvert à tous les vents, et situé au bout de la terrasse du jardin, qu'il composa sa lettre à d'Alembert sur les spectacles; car il n'approuvait pas qu'on voulût introduire un théâtre à Genève. Il termina dans le même lieu sa *Julie,* avec un certain attendrissement qui lui fit comprendre que le fatal amour dont il s'efforçait de guérir n'était pas sorti de son cœur.

Il rencontra encore une fois Mme d'Houdetot à la Chevrette, dans un grand dîner que donna M. d'Épinay pendant l'absence de sa femme, et auquel il avait été engagé dans le but de le réconcilier avec Saint-Lambert. Les principaux convives étaient M. et Mme Dupin, le comte et la comtesse d'Houdetot, Franceuil et Saint-Lambert. Tous ne lui plurent pas. Mme de Bellegarde, sœur de M. d'Houdetot, lui lança des sarcasmes qui le mirent fort mal à l'aise, surtout devant la comtesse et Saint-Lambert; néanmoins il ne regretta pas d'avoir assisté à cette réunion, qui donnait un démenti formel à ceux qui prétendaient qu'on ne le recevait plus à la Chevrette.

Sa lettre à d'Alembert eut, dit-il, un grand succès, et elle apprit au public à se défier de ses adversaires. Il l'envoya à Marmontel qui rédigeait le *Mercure.* Cette politesse lui valut un ennemi de plus; « car, trop fier pour envoyer ses ouvrages aux auteurs périodiques, il lui adressa son livre pour lui Marmontel, et non pour le rédacteur du *Mercure.* » Cette phrase à double entente fut mal interprétée par le journaliste, qui en fit grand bruit et ne la pardonna jamais à son auteur.

Rousseau fit quelques connaissances choisies parmi ses voisins; il cite M. de Mauléon, jeune alors et devenu plus tard célèbre dans la magistrature; le libraire Guérin, de haute volée dans son état, et M. Maltor, curé de Groslay, qui avait été secrétaire du comte du Luc et qui était plus fait pour être homme d'État et ministre que curé de village.

Il voyait des oratoriens de Montmorency, entre autres le père Berthier, professeur de physique, lequel se piqua parce que l'ermite avait dit que c'était un *bonhomme.*

Par le père Berthier il connut deux enfants de Melchisedec, « personnages singuliers, jansénistes, et qui passaient pour des prêtres déguisés, peut-être à la façon ridicule de porter leurs rapières auxquelles ils semblaient être attachés. » Ils logeaient à Paris avec d'Alembert, faisaient leur ménage eux-mêmes et demeuraient seulement l'été à Montmorency, où ils étaient connus sous le nom des *Commères*. Leur société ne convenait à Rousseau que parce qu'ils faisaient quelques parties d'échecs avec lui.

Il voyait Mme de Créqui, qui s'était jetée dans la haute dévotion et avait cessé de fréquenter les philosophes, « excepté l'abbé Trublet, espèce de demi-cafard dont elle paraissait fort ennuyée. »

Enfin, pour connaissances moins familières, il avait conservé les abbés de Condillac et de Mably, MM. de Meyran, de la Live, de Boisgelin, Watelet et Ancelot.

M. de Lamoignon de Malesherbes, directeur de la librairie, le combla d'intérêt et lui facilita le moyen de publier sa *Nouvelle Héloïse*; mais, contre son attente, il y eut plus de cent pages de supprimées par la censure. M. de Malesherbes craignit, par exemple, que la phrase suivante ne déplût à Mme de Pompadour : « La femme d'un charbonnier est plus digne de respect que la maîtresse d'un prince. » Hélas ! quand le philosophe écrivait ces lignes, il oubliait la position qu'il avait faite à Thérèse et celle des dames de son entourage qui le comblaient d'attentions et de bontés.

Il refuse toute invitation d'aller à Paris, car les comtesses et les marquises le ruinaient à force de vouloir économiser sa bourse. En effet, le faisaient-elles reconduire en voiture, il lui fallait donner au cocher et au laquais plus qu'il n'aurait dépensé en restant chez lui. Souvent, pour lui épargner quelques sous, elles lui envoyaient une lettre par leur domestique auquel il donnait à dîner, plus un écu qu'il avait bien gagné. « Il a versé, dit-il, vingt-cinq écus chez Mme d'Houdetot, à Eaubonne, où il n'a couché que quatre fois, et plus de vingt-cinq pistoles tant à Épinay qu'à la Chevrette, pendant les cinq ou six années de ses assiduités. »

Ce fut à Mont-Louis qu'il termina sa *Nouvelle Héloïse*, composa son *Émile* et la première partie de ses *Confessions*, qui ne devaient paraître qu'après lui.

Alors commencèrent ses rapports avec la famille de M. le duc de Luxembourg. Elle n'habitait pas l'ancien donjon des seigneurs de Montmorency, dont il n'existait plus qu'une tour dans laquelle on tenait les archives et où l'on recevait les hommages des vassaux. Elle occupait la maison du financier Crozat, dit le Pauvre, située sur la côte voisine. Dès que le maréchal eut appris que Rousseau demeurait près de lui, il envoya un valet de chambre, de sa part et de celle de Mme la duchesse, le complimenter et l'inviter à sa table tant que cela lui serait agréable. L'ermite s'enorgueillit de ces hautes prévenances en se rappelant l'époque où des personnes d'un rang moins élevé l'envoyaient dîner à l'office. Il fit d'abord quelques cérémonies et finit par se rendre. Il fut content du bon accueil que lui firent tant le maréchal que Mme de Luxembourg et les personnes considérables qui venaient les visiter.

Le maréchal alla le voir à Mont-Louis et ne dédaigna pas d'entrer dans son donjon sans cheminée et très-mal abrité. Le mauvais état de cette maison, qu'on allait réparer, fit que M. de Luxembourg lui offrit un petit pavillon isolé qui existait dans son parc; il accepta, et ce fut dans ce lieu qu'il composa le cinquième livre de son *Émile*.

Enfin M. et Mme de Luxembourg lui prodiguèrent tant d'attentions qu'il allait dîner chez eux presque tous les jours, se dispensant d'y souper à cause du grand monde qui prenait part à ce repas du soir.

La duchesse s'engoua de la *Julie* et de son auteur. Rousseau en faisait une copie à tant la feuille pour Mme d'Houdetot qui aimait ce roman, peut-être parce qu'elle en avait inspiré les plus belles pages. Mme de Luxembourg désira avoir une pareille copie aux mêmes conditions que la comtesse. Rousseau lui écrivit qu'il la mettait au nombre de **ses pratiques**, mais qu'il aurait quelque peine à prendre son argent, car ce serait à lui de payer le plaisir qu'il aurait de travailler pour elle. Cette phrase de mauvais goût déplut à Mme la maréchale. Elle se contenta de la souligner dans sa réponse. Il n'en fut plus question.

Rousseau retourna à Mont-Louis quand sa maison fut réparée. Il y reçut bientôt M. et Mme de Luxembourg, M. le duc de Villeroi, M. le prince de Tingry, M. le marquis d'Armentières, Mme la duchesse de Montmorency, Mme la duchesse de Boufflers, et une infinité d'autres personnes de ce rang. Jamais la petite maison de M. Mathas n'avait été honorée de pareilles visites.

Outre ces flatteuses distinctions, Rousseau avait son appartement à Paris, à l'hôtel de Luxembourg. Il y allait quelquefois, pour souper seulement, et repartait le lendemain, entrant et sortant par la petite porte du jardin qui donnait sur le boulevard, de sorte qu'on ne pouvait pas dire qu'il eût mis le pied sur le pavé de Paris.

Il fit connaissance d'une dame de Verdelin, sa voisine, dont la société lui plaisait peu, car les traits malins et les épigrammes partaient de chez elle avec tant de simplicité qu'il fallait une attention très-continuelle pour s'apercevoir quand on en était persiflé. Cependant elle avait ses chagrins. On se fit des confidences réciproques, et, à force de la voir, l'ermite finit par s'attacher à elle.

M. de Luxembourg revint à Montmorency en 1760. Rousseau, ayant terminé la lecture de la *Julie* l'année précédente, eut recours à celle de l'*Émile*, qui fut moins goûtée que la première par la maréchale. Elle intéressa beaucoup le prince de Conti, qui vint faire une visite à l'auteur. Le prince lui envoya deux fois du gibier tué de sa propre main. Le philosophe reçut le premier avec politesse et fit dire, à l'arrivée du second, qu'il n'en recevrait plus à l'avenir : haute inconvenance envers un prince du sang, dont le solitaire lui-même dit son *mea culpa* dans ses *Confessions*.

Ce caprice ne le desservit pas dans la société du château, car Mme de Luxembourg, qui lui reprochait toujours de se laisser duper par les libraires, se chargea de faire imprimer ses ouvrages et d'en tirer meilleur parti qu'il ne l'aurait fait lui-même. Il ne voulait pas qu'ils fussent publiés en France à cause de la censure, cependant il y consentit quand M. de Malesherbes eut écrit à la maréchale que la profession de foi du *Vicaire savoyard* était faite pour avoir l'approbation du genre humain.

A cette époque, il faillit devenir amoureux de la

maîtresse du prince de Conti, Mme de Boufflers, qui venait souvent le visiter avec le chevalier de Lorenzy. Il prit sur lui d'être sage et discret, se rappelant qu'il dépassait la cinquantaine. Il était d'ailleurs mal guéri de sa passion pour Mme d'Houdetot. Rien ne pouvait la remplacer dans son cœur.

Enfin la *Julie* parut à la fin de l'année 1760. Elle fit du bruit, et les femmes surtout la regardèrent comme un ouvrage ravissant. Les sentiments des gens de lettres furent partagés. « Ce livre, dit Rousseau, réussit mieux en France que dans le reste de l'Europe, car s'il n'existe plus de mœurs et de vertus en France, il y existe au moins quelques sentiments pour elles, et c'est à Paris qu'on doit les chercher. » Il écrivait cette phrase en 1769.

Le château de Montmorency, où Rousseau trouvait tant d'aimables prévenances, fut bientôt assombri par des pertes qui vinrent cruellement affliger la famille de M. le duc de Luxembourg : le maréchal perdit d'abord sa sœur, la duchesse de Villeroy, ensuite sa fille, la princesse de Robeck ; puis le duc de Montmorency, son fils unique, et le duc de Luxembourg, son petit-fils, dernier soutien de sa branche et de son nom. « Le maréchal supporta ces pertes avec un courage apparent; mais son cœur ne cessa de saigner en dedans tout le reste de sa vie, et sa santé ne fit que décliner. »

« Son petit-fils, de grande espérance, périt par la confiance que sa mère portait au médecin Bordeu, qui, à force de régime, le fit périr d'inanition avec des médecines pour toute nourriture. Avec quel bonheur il arrivait à Mont-Louis demandant à goûter à Thérèse, et mettant quelque aliment dans son estomac affamé ! »

La même confiance aux charlatans creusa le tombeau du maréchal. Il se livra dans leurs mains pour se guérir d'un accès de goutte qui n'avait rien d'inquiétant et dont il voulait se débarrasser; « comme si, à l'âge qu'il avait, on ne pouvait s'habituer à quelques infirmités qu'il faut savoir supporter avec résignation. »

M. et Mme de Luxembourg essuyèrent tant de pertes amères sans se plaindre. Madame exigeait que son mari continuât ses habitudes de cour, qu'elle regardait comme utiles à sa santé. Elle réprimanda Rousseau d'avoir conseillé au maréchal de vivre en paix dans sa retraite de Montmorency. Enfin, les douleurs ne pouvant être éternelles, on reprit au château les anciennes coutumes, et l'on y reçut les consolations de ses amis.

Mme de Luxembourg s'intéressa au sort des enfants de Rousseau, qui lui avait fait la confidence de la manière dont il en avait disposé en les mettant à l'hôpital. Elle les fit rechercher par son valet de chambre qui, après de vaines perquisitions, ne put rien découvrir. Rousseau s'en consola en pensant qu'il n'aurait pas suivi ces enfants dès leur naissance, et qu'on aurait pu lui en présenter d'autres pour les siens. « Cette réflexion pouvait diminuer ses torts dans leurs effets, mais les aggravait dans leur source. » La maréchale poussa la bonté jusqu'à donner des secours à « l'intéressante » mère de Thérèse.

Rousseau avait traité pour son *Émile*, par l'entremise de Mme de Luxembourg, avec le libraire Duchesne, de Paris, et avec Néaulme, libraire d'Amsterdam, se croyant en règle avec la censure puisque M. de Malesherbes lui avait donné des encouragements. Il terminait son *Contrat social* et mûrissait des projets de retraite dans la Touraine. Rey, libraire de Hollande, acquéreur de ce dernier ouvrage, lui en facilitait les moyens en faisant volontairement une pension viagère de 300 livres à Thérèse.

Pendant que l'*Émile* s'imprimait en France et en Hollande, quelques amis plaignirent Rousseau de l'embarras qu'allait lui donner ce livre. Duclos, auquel il avait lu la profession de foi du *Vicaire savoyard*, le pria de ne pas dire qu'il lui eût fait cette confidence. Il tomba malade d'inquiétude; de sourds et de tristes pressentiments le troublaient.

L'impression du livre ayant été suspendue, il attribua ce fait aux jésuites. On ne l'eut pas plutôt recommencée qu'il eut peur des jansénistes et des philosophes. Son esprit était plein de terreurs.

Enfin l'*Émile* parut. On l'applaudit en particulier, et l'approbation publique lui manqua. Les esprits n'étaient pas préparés à cette avalanche de sophismes appliqués à l'éducation et contraires à toutes les idées reçues et consacrées par le temps. M. de Malesherbes fit demander par M. de Luxembourg les lettres qu'il avait écrites à Rousseau, démarche qui parut suspecte et de mauvais augure à ce dernier. Quelques personnes lui adressaient des éloges et ne signaient pas leurs lettres. Un conseiller du parlement, M. de Blair, avait dit à M. Mathas, propriétaire de la petite maison de Mont-Louis : « L'*Émile* est un bon livre, mais il en sera parlé dans peu plus qu'il ne serait à désirer pour l'auteur. »

Ces propos étaient inquiétants; mais Rousseau ne cessait de compter sur le crédit de M. de Luxembourg et sur la faveur de M. de Malesherbes. Il avait tort; car on répandait avec adresse que, en sévissant contre les jésuites qui venaient d'être renvoyés, on ne pouvait marquer une indulgence partiale pour les livres et les auteurs qui attaquaient la religion. Des parlementaires même disaient qu'on n'avançait rien à brûler les livres et qu'il fallait brûler les auteurs.

Le libraire Néaulme, de son côté, se plaignait à Rousseau et montrait du regret de s'être chargé de l'*Émile*. Le prince de Conti agissait, et comme il n'obtenait rien de tranquillisant, il attribuait le résultat négatif de ses démarches aux circonstances présentes, dans lesquelles il importait au parlement de ne pas se laisser accuser par les jésuites d'indifférence sur la religion, et il conseillait à Rousseau de se retirer en Angleterre.

Ses protecteurs lui parlèrent de la Bastille pour quelques semaines, seul moyen de se soustraire à la juridiction du parlement, qui ne se mêlait pas des prisonniers d'État.

Enfin, le prince de Conti lui envoya un exprès pour l'instruire que, malgré tous ses efforts, on était décidé à procéder avec rigueur contre lui, que la cour le demandait et que le parlement l'exigeait. Rousseau accourut, à deux heures du matin, chez Mme de Luxembourg qui n'avait pas voulu s'endormir sans l'avoir vu. Après une conversation à laquelle prirent part le maréchal et Mme de Boufflers, Rousseau dit qu'il se retirerait dans le canton de

Berne. Il rentra chez lui, tria dans ses papiers ceux qu'il voulait emporter, et n'eut pas le temps de brûler le reste. Le duc de Luxembourg lui offrit de s'en occuper lui-même. Rousseau y consentit avec bonheur, car ce soin lui procurerait le plaisir de passer le peu d'heures qui lui restaient avec des personnes si chères qu'il allait quitter pour jamais.

Sa séparation d'avec Thérèse fut cruelle. Il promit de la rappeler et partit dans un cabriolet dont le maréchal lui fit cadeau en lui prêtant des chevaux et un postillon jusqu'à la première poste. Ainsi finit, en 1762, le séjour de cet homme extraordinaire dans la vallée de Montmorency.

Entre la Barre et Deuil, il rencontra, dans un carrosse de remise, quatre hommes en noir qui le saluèrent en souriant : c'étaient les huissiers qui venaient le chercher. Il traversa Paris, gagna Lyon, oubliant le parlement, Mme de Pompadour, M. de Choiseul, Grimm et d'Alembert, puis il entra sur le territoire de Berne, ensuite dans Yverdun. Son livre venait d'être brûlé à Genève, où lui-même avait été décrété le 18 juin. « Une émotion eut lieu à Yverdun, dans la populace, parmi les caillettes et les cuistres, qui le traitèrent comme un écolier qu'on menacerait du fouet pour n'avoir pas bien dit son catéchisme. Toutes les gazettes, tous les journaux sonnèrent le plus terrible tocsin. C'était un impie, un athée, une bête féroce, un loup. »

Il se trouvait heureux, à Yverdun, de l'hospitalité du banneret Roguin ; mais ayant appris que l'orage s'élevait contre lui dans Berne, il lui fallut quitter l'État dès le jour suivant.

M. Roy de la Tour lui proposa d'aller occuper au village de Motiers, dans le Val-de-Travers, une petite maison meublée que son fils y possédait. Il n'avait qu'une montagne à traverser pour s'y rendre et se trouverait dans les États du roi de Prusse. Il accepta avec reconnaissance. Le colonel Roguin vint l'y installer.

Il hésitait pour appeler Thérèse, car, depuis longtemps, il s'était aperçu de l'attiédissement de son affection. Il la manda néanmoins, et elle vint aussitôt.

Il écrivit à lord Keith, maréchal d'Ecosse, gouverneur de Neufchâtel, pour lui donner avis de sa retraite dans les États de Sa Majesté le roi de Prusse. Lord Keith lui répondit avec générosité, vint même le voir, sous prétexte d'une partie de chasse aux cailles, et passa deux jours à Motiers sans tirer un coup de fusil.

Le roi de Prusse permit à Rousseau de séjourner dans ses États, et envoya même au lord-maréchal douze louis dont il devait disposer pour les menus besoins de son hôte. Jean-Jacques fut un peu humilié de ce cadeau, et, quand vint la fête du roi, il dépensa en illuminations une somme égale â celle qu'il tenait de ses mesquines libéralités.

Cependant, les ministres protestants de Neufchâtel avaient monté les têtes contre l'athée Rousseau. Le signal venait de la France ; il ne pouvait manquer de retentir partout où séjournerait le philosophe. Cette agitation l'empêcha d'aller à Neufchâtel.

Il recevait à Motiers presque autant de visites

qu'à l'Ermitage ou à Montmorency : c'étaient des officiers sans goût pour la littérature qui avaient fait trente à quarante lieues pour voir le grand homme. « Comme aucuns n'avaient lu ses ouvrages, il ne savait de quoi leur parler. Il s'en trouva un qui l'obséda pendant plusieurs jours, et avec lequel il n'avait d'autre point de contact que de savoir jouer l'un et l'autre au bilboquet. »

Ce fut à Motiers qu'il apprit la mort de M. le duc de Luxembourg, victime de remèdes que lui appliquèrent des charlatans. M. de Luxembourg était homme de cœur, capitaine des gardes du corps, comblé de fortune et d'honneurs. Le désir d'en jouir dans la plénitude de sa santé causa sa perte, comme elle avait déjà causé celle de son fils et de son petit-fils.

Une mort encore plus sensible au cœur de Rousseau, du moins le dit-il, fut celle de Mme de Warens, qui l'avait si généreusement accueilli durant les aventureuses péripéties de sa première jeunesse. Il ne lui avait pas écrit depuis son arrivée en Suisse, craignant de la contrister. Cette perte lui arracha la réflexion suivante : « Si je ne croyais pas la revoir dans une autre vie, ma faible imagination se refuserait à l'idée du bonheur parfait que je m'y promets. » Ceci est d'autant plus beau que Mme de Warens était depuis longtemps négligée pour tant d'autres femmes, et surtout pour Mme d'Houdetot qui régnait toujours dans son cœur, par la raison, peut-être, qu'elle l'avait accablé de son indifférence et de ses rigueurs.

Il fit un traité avec les libraires de Lyon pour une édition générale de ses écrits, qui pouvaient fournir six volumes in-4º, moyennant une pension de 1,600 livres et un présent de 1,000 écus. « Ce marché fut rompu, dit-il, quand parurent ses *Lettres de la montagne*. La terrible explosion qui se fit contre cet infernal ouvrage et contre son abominable auteur épouvanta la compagnie, et l'entreprise s'évanouit. » Cette œuvre fut déclarée, par le petit conseil, indigne d'être brûlée par le bourreau et ne méritant aucune réfutation sérieuse sous peine de se déshonorer. Ceci fit naître contre lui une effervescence extraordinaire depuis Paris jusqu'au Val-de-Travers : on l'insulta publiquement dans la campagne, dans les chemins et en pleine rue. C'étaient les ministres qui montaient toutes les têtes. Le colonel Pury fit tout ce qu'il put pour les calmer ; aussi le philosophe reconnaissant le recommanda-t-il à milord-maréchal, « et, tandis que la populace le couvrait de fange, il fit de son ami un conseiller d'État. »

Mme de Verdelin, dont nous lui avons vu faire la connaissance dans la vallée de Montmorency, vint le visiter dans sa solitude. Il fut très-touché de cette marque de souvenir. Cette dame, voyant combien il était en butte à la méchanceté, lui parla de séjourner en Angleterre. Elle l'entretint de l'amitié que lui portait M. Hume, le célèbre historien anglais, qui se trouvait à Paris, et du désir qu'il aurait de lui être utile dans son pays. Le philosophe ne voulut prendre aucune résolution pour le moment, mais il pria Mme de Verdelin d'entretenir M. Hume dans ses bonnes dispositions.

Après le départ de cette dame, il se remit à herboriser, au milieu des huées de la populace qui l'étourdissait. Un jour, sa maison fut assiégée et remplie de pierres jetées par toutes les fenêtres. Thérèse, tremblante, accourut de son côté, et tous deux se rangèrent contre un mur pour n'être pas atteints par cette grêle de projectiles. Le séjour de Motiers n'étant plus tenable, il fallut songer à déguerpir. Il reçut une espèce d'invitation du roi de Prusse de se rendre à Berlin. D'un autre côté, milord-maréchal lui proposait l'Angleterre ou l'Écosse. Ce dernier avis était celui de Mme de Verdelin. Il préféra, pour ne pas quitter la Suisse, aller s'établir dans l'île de Saint-Pierre, au milieu du lac de Bienne. Thérèse vint l'y joindre avec les livres et les effets. Son existence en ce lieu lui rappelait la douce vie qu'il avait menée aux Charmettes avec Mme de Warens. Il espérait que ceux de Berne le laisseraient tranquille, lorsque le bailli de Nidau, dans le gouvernement duquel l'île était placée, lui intima, de la part du grand conseil, l'ordre de sortir du canton.

Son indignation fut extrême. L'hiver approchait. Il demanda un sursis. On lui répondit qu'il eût à quitter les terres de la république dans les vingt-quatre heures et de n'y rentrer jamais, sous les

peines les plus sévères. Ce moment fut affreux pour
lui. Il eut l'idée de se retirer en Corse, d'où on lui
avait demandé un travail sur les institutions de ce
pays ; mais l'île était menacée de perdre sa liberté.
Ce déplacement, d'ailleurs, aurait entraîné des frais
considérables que ses moyens ne lui permettaient
pas de supporter.

On l'engage d'aller à Bienne ; sa présence y
excite une sédition. Il veut partir pour Berlin ;
mais, changeant bientôt d'idée, il se décide pour
l'Angleterre, suivant en cela l'avis de Mme de Verdelin qui parvint, dit-il, à le livrer à M. Hume, car,
à l'entendre, l'intérêt que lui portait cette dame
n'était qu'un complot.

Il arrive d'abord à Strasbourg (1765), où il trouve
un commis de Rey qui lui offre une retraite à Amsterdam. Il peut se convaincre, à Strasbourg, des
bonnes dispositions des Français à son égard. Partout il trouve un accueil empressé et de nature à
lui faire oublier les agitations des dernières années.
Il vient à Paris le 16 décembre. Le prince de Conti
lui offre un logement dans son hôtel de la rue du

Temple. Il l'habite quelques jours, et part pour l'Angleterre avec Hume, le 4 janvier 1766. Thérèse vint l'y rejoindre quelque temps après.

Il cherche où s'établir et choisit Wotton, dans le comté de Derby, à cinquante lieues de Londres. Il remercie Hume affectueusement et continue de l'appeler son cher patron. Dès le mois suivant, Hume ne croit pas que Rousseau fasse un long séjour à Wotton, car il s'aperçoit que les accès de spleen, auxquels il est sujet, lui donnent un air de bizarrerie qui n'est pas naturel.

Bientôt, en effet, Jean-Jacques, toujours le même, se crée des fantômes, croit avoir à se plaindre de Hume et l'accuse injustement d'être l'auteur de la lettre suivante, colportée dans tout Paris et revêtue de la signature du roi de Prusse :

« Mon cher Jean-Jacques, vous avez renoncé à Genève, votre patrie ; vous vous êtes fait chasser de la Suisse, pays tant vanté dans vos écrits ; la France vous a décrété : venez chez moi. J'admire vos talents et je m'amuse de vos rêveries qui (soit dit en passant) vous occupent trop et trop longtemps. Il faut, à la fin, être sage et heureux ; vous avez fait assez parler de vous par des singularités peu convenables à un véritable grand homme ; démontrez à vos ennemis que vous pouvez avoir quelquefois le sens commun ; cela les fâchera sans vous faire tort. Mes États vous offrent une retraite paisible. Je vous veux du bien et vous en ferai si vous le trouvez bon ; mais si vous persistez à vous creuser l'esprit pour trouver de nouveaux malheurs, choisissez-les tels que vous voudrez ; je suis roi, et puis vous en procurer au gré de vos souhaits ; et, ce qui sûrement n'arrivera pas vis-à-vis de vos ennemis, je cesserai de vous persécuter quand vous cesserez de mettre votre gloire à l'être.

« Votre bon ami, Frédéric. »

Cette plaisanterie d'Horace Walpole, ami de Mme du Deffant, était déplacée ; toutefois, Rousseau aurait pu mettre à profit cette dure leçon. Il aima mieux faire du bruit, attribuer la lettre à d'Alembert qu'il savait être lié avec Hume, prétendant que ce dernier était l'agent fidèle de ses ennemis, et qu'il l'avait emmené en Angleterre tout exprès pour le déshonorer Il écrivit à ce sujet une lettre de quarante pages. Hume eut la faiblesse d'y répondre, oubliant ce qu'il avait dit du malheureux caractère de Rousseau ; et le public ne s'occupa plus que de cette dispute ridicule, qui fit à Paris le sujet de tous les entretiens.

On a reconnu que le triste penchant de Rousseau à ne voir partout que des ennemis était entretenu par Thérèse qui, s'ennuyant des solitudes de Motiers et de Wotton, cherchait à les rendre insupportables à son maître. Elle lui faisait suspects tous ceux qui l'approchaient, voulant posséder seule sa confiance et le dominer avec plus d'empire. Elle lui remettait ses lettres décachetées et lui faisait croire qu'il était entouré d'espions et d'ennemis qui l'avaient amené en Angleterre pour consommer l'œuvre de sa diffamation. Sa tête alors se perdit, et la lettre qu'il écrivit au ministre d'État pour lui annoncer son départ en fait foi. Il quitta brusquement ce pays après un séjour de seize mois, et arriva à Calais le 22 mai.

Lorsqu'il passa par Amiens, une députation de l'Académie, que présidait le fameux Gresset, vint lui faire visite. On le retint partout à dîner. Mais, bientôt fatigué d'un si vif accueil, il ne resta que huit jours dans cette ville, devenue, selon lui, trop bruyante par *l'empressement des citoyens et des militaires.*

Il se rend à Fleury et accepte, quelques jours après, le nouvel asile que lui offre le prince de Conti dans son château de Trye, voisin de Gisors. Il n'y est pas plutôt installé, sous le nom de Renou qu'il avait pris pour sauver les apparences, qu'il veut en partir, prétendant qu'il y éprouve des contrariétés de la part de tous les agents du prince et de *tous les habitants du lieu, sans exception.* Il quitte le château, après un an de séjour, pour aller s'établir à Bourgoin, petite ville située à treize lieues de Grenoble. Il avait laissé Thérèse maîtresse de son sort, mais elle vint bientôt le rejoindre dans sa nouvelle et triste résidence. Ce dévouement le toucha au point qu'il décida d'en faire sa femme, et de l'épouser, dit-il, *dans toute la simplicité, mais aussi dans toute la vérité de la nature.* Cela se fit en présence de deux témoins. Il est vrai qu'il n'existe aucun acte, soit civil, soit religieux, de cette union. Thérèse n'en a pas moins porté, jusqu'à sa mort, le titre d'épouse.

A cette époque, Rousseau fit paraître son *Dictionnaire de musique*, dernier ouvrage publié de son vivant. Sa santé et celle de sa femme se trouvant affectées par les eaux marécageuses de sa résidence, il alla s'établir à Monquin, sur une hauteur voisine de Bourgoin. Thérèse s'y ennuya et lui fit subir mille tracasseries dont on est instruit par deux lettres qui font connaître le mauvais état de sa santé et toutes les souffrances de son cœur.

Ce fut à Monquin qu'il souscrivit pour la statue qu'on voulait élever à Voltaire. Son offrande était de deux louis. Voltaire témoigna un chagrin d'enfant de cette souscription.

Dans la même année (1770), il revint à Paris malgré les observations des personnes qui lui restaient attachées et lui représentaient qu'il ne pourrait éviter des luttes inutiles; mais il avait besoin de ramener sur lui l'attention publique qui n'était plus en éveil. Il s'y logea d'abord en hôtel garni.

Son travail de copiste lui fournit, trois mois plus tard, le moyen d'acheter quelques meubles, et de louer, rue Platrière, un réduit au cinquième étage, qu'il jugea habitable pour lui et sa femme en y ajustant quelques planches.

Son arrivée dans la capitale fit sensation. Ses *Confessions*, lues par lui même, furent avidement écoutées et prônées avec enthousiasme. Toutes ses anciennes liaisons d'Épinay, d'Eaubonne et de Montmorency étaient abandonnées, et les nouvelles se terminaient toujours par des ruptures. Il aimait à se présenter sous l'apparence de la pauvreté, et, dix-huit mois avant sa mort (1777), il mendiait presque auprès des personnes charitables, en leur présentant des copies faites de sa main. Cependant il n'était pas aussi malheureux qu'il s'en donnait l'air, puisqu'il avait une pension de 1,440 livres et que beaucoup d'amis se disputaient l'honneur de le recueillir.

Il fit pendant ce dernier séjour à Paris quelques œuvres nouvelles; la plus importante fut son *Pygmalion*, représenté en 1775 avec autant de succès que l'avait été le *Devin de village* ; ensuite il s'occupa exclusivement de botanique.

Las enfin des agitations de la vie parisienne, il accepta la proposition du marquis de Girardin qui lui offrait une retraite dans sa terre d'Ermenonville. Il alla s'y installer le 20 mai 1778, après huit années de séjour dans la capitale. Il paraissait satisfait de son nouveau domicile et de ses hôtes ; il collectionnait les plantes des environs, et comptait qu'une situation si douce lui inspirerait de nouveaux ouvrages, lorsque la mort vint le frapper à l'âge de soixante-six ans, après quarante-deux jours passés dans cette retraite qui semblait lui plaire.

Le bruit courut qu'il s'était suicidé. Une enquête eut lieu, et les investigations de la science furent tellement infructueuses que l'on en est encore à savoir la vérité touchant cette triste accusation, qui planera toujours sur sa mémoire.

Son corps fut inhumé dans l'île des Peupliers, au milieu du parc d'Ermenonville. M. de Girardin lui fit ériger un monument modeste.

L'Assemblée nationale décréta, en 1790, qu'il serait élevé une statue à Rousseau, et accorda à sa veuve une pension de 1,200 francs. Thérèse, introduite dans l'Assemblée, lui offrit un manuscrit de l'*Émile*, celui-là même qui existe dans la bibliothèque du Corps législatif.

La Convention, à son tour, décréta que les cendres de Rousseau seraient transportées au Panthéon, où l'on a vu longtemps dans les cryptes le monument qui les couvrait et duquel sortait un bras tenant en main la torche symbolique qui devait éclairer le monde et qui a fini par le mettre en feu. Ce sarcophage a été transporté dans le cimetière du Père-Lachaise, à l'époque où le Panthéon est devenu l'église de Sainte-Geneviève.

On sera maintenant curieux de connaître le sort de la prétendue veuve de Rousseau. Cette malheureuse ne justifia que trop bien les reproches que le philosophe et tous ceux qui l'on connue ont été forcés de lui faire. Rousseau avait écrit à ce sujet : « Elle est malheureusement peu entendue en économie à tous égards, peu soigneuse et fort dépensière, non par vanité ni par gourmandise, mais par négligence uniquement. — J'aime mieux qu'elle ait des défauts que des vices. » Malheureusement ces deux mauvaises qualités se combinèrent bientôt chez elle. Elle réunissait un viager de 700 livres, 15,000 livres de principal et l'usufruit d'une somme de 24,000 livres, résultat d'un traité fait avec les éditeurs de Genève par les soins de MM. du Perron et de Girardin. Eh bien! cette triste femme, oubliant le nom qu'elle portait, dissipa tout ce qu'elle avait par suite d'une liaison qu'elle contracta presque aussitôt après la mort de Rousseau avec un Irlandais nommé John, palefrenier au service de M. de Girardin. Forcée de quitter Ermenonville, elle vécut avec ce John au Plessis-Belleville, village situé à deux lieues de là. Comme elle manquait de tout dans les dernières années de sa vie, on la vit souvent mendier son pain à la porte de la Comédie-Française. Elle mourut enfin au Plessis, en juillet 1801, âgée de quatre-vingts ans.

Si nous revenons maintenant à Mme d'Épinay, que nous avons laissée à Genève au milieu d'un cercle de beaux esprits, nous la verrons partageant sa vie entre les travaux littéraires et les soins qu'elle donnait à ses enfants et à sa santé, puis composant les ouvrages intitulés : *Mes moments heureux* et *Lettres à mon fils*, qu'elle fit imprimer sous ses yeux.

Rentrée à Paris peu de jours avant que Rousseau eût quitté Montmorency pour se réfugier en Suisse, elle reprit son existence ordinaire, plus calme, il est vrai, que dans le passé ; car elle n'était plus en proie à ces blessures du cœur qui l'avaient rendue si malheureuse, et aux tracasseries que son *ours* lui avait tant de fois suscitées.

Une nouvelle correspondance s'établit entre elle et ses amis de Genève. Voltaire lui écrivit la lettre suivante, empreinte de sarcasmes et de ce ton antireligieux qu'on lui connaît et qui a pris le nom de *voltairien* : « Voici probablement, Madame, la cinquantième lettre que vous recevez de Genève. Vous devez être excédée des regrets : cependant il faut bien que vous receviez les miens ; cela est d'autant plus juste que j'ai profité moins qu'un autre du bonheur de vous posséder. Ceux qui vous voient tous les jours ont de terribles avantages sur nous. Si vous aviez voulu nous donner encore un hiver, nous aurions joué la comédie encore une fois par semaine. Nous avons pris le parti de nous réjouir, de peur de périr de chagrin des mauvaises nouvelles qui viennent coup sur coup. J'ai le cœur français, j'aime à donner les bons exemples ; mais, en vérité, tous nos plaisirs sont bien corrompus par votre absence et par celle de notre ami M. Grimm. Quels spectateurs et quels juges nous perdons ! Mais, Madame, n'est-ce pas une chose honteuse que des Anglais, qui ne croient pas en Jésus-Christ, prennent Surate et aillent prendre Québec ? qu'ils dominent sur les mers des deux hémisphères et que les troupes de Cassel et de Kehl battent nos florissantes armées ? Nos péchés en sont la cause ; c'est la philosophie qui attire visiblement la colère céleste sur nous. Il faut que le maréchal de Contades et M. de la Clue aient fourni quelques petits articles à l'Encyclopédie. Cependant Tronchin fait des miracles. Tout est bouleversé. Je le canonise pour celui qu'il a opéré sur vous, et je prie Dieu avec tout Genève qu'il vous afflige incessamment de quelque petite maladie qui vous ramène à nous.

« Vous m'avez refusé inhumainement, Madame, la lecture de vos deux volumes (*Mes moments heureux* et les *Lettres à mon fils*); vous n'avez pas confiance en moi, et vous l'avez prodiguée à ceux qui en ont abusé. Vos livres courent Genève, je les ai, et il en court des copies informes Je suis obligé de vous en avertir; je vous aime et m'intéresse vivement à vous. Ah! Madame, ne vous fiez qu'aux solitaires comme moi ou comme M. Grimm. Ne me trahissez pas, mais tâchez de retirer toutes ces indignes copies tronquées, et même les exemplaires, ou laissez-moi rendre public celui que j'ai entre les mains. Il n'y a, en vérité, que cela qui pourra vous disculper du tort que vous font ces écrits défigurés. »

Dans le même temps, une amie de Genève se plaint à la marquise qu'elle lui ait inhumainement refusé ses deux volumes, et la prévient qu'il en court des copies incorrectes d'après lesquelles on les imprimera.

Mme d'Épinay répond qu'elle n'a voulu tirer que deux ou trois exemplaires de son ouvrage, qu'on l'a trompée s'il en existe un plus grand nombre. « J'ignore, dit-elle, quel est celui de mes amis à qui j'ai à reprocher ce zèle indiscret. Je ne veux pas le savoir. Mon intention n'est pas de porter des plaintes contre lui, quel qu'il soit, parce que je le juge sur l'intention. » Ces ouvrages, si courus à Genève et à Ferney, n'ont cependant pas résisté à l'épreuve d'une critique judicieuse et du temps.

Ici finissent les mémoires de Mme d'Épinay. Les vingt dernières années de sa vie sont toutes consacrées à l'établissement de ses enfants, à ses devoirs de famille et à ses amis. L'âge des illusions était passé. Il est toutefois fâcheux qu'elle n'ait point continué ses confidences au sujet de Grimm et des nouvelles illustrations qui l'entouraient et se trouvaient très-honorées de lui faire la cour. C'eût été la vie d'un monde à part, aux libres allures, intelligent et lettré, dont les actes se lisent avec un si vif intérêt dans les mémoires contemporains.

Nous suppléerons à son silence par quelques détails empruntés à sa correspondance avec diverses personnes et surtout avec l'abbé Galiani. Ses lettres à l'abbé seraient peut-être son meilleur ouvrage, si elle s'était abstenue de certaines licences antireligieuses souvent cyniques que nous passerons sous silence, et qui surprennent de la part d'une femme de goût écrivant à un abbé, laquelle avait donné des leçons de morale et de catéchisme à ses enfants.

L'abbé Galiani, de taille remarquablement petite, était Napolitain, économiste et littérateur. Après avoir publié, en 1760, un ouvrage remarquable sur les monnaies et des observations d'histoire naturelle sur le Vésuve, il vint dans la même année à Paris et fréquenta la maison de Mme Geoffrin. Il était si sémillant d'esprit et de corps que Grimm disait de lui que c'était un Platon avec la verve et les gestes d'Arlequin. Il prit le parti du peuple contre les économistes et retourna, en 1769, à Naples, où il fut comblé de places et d'honneurs.

Le 10 décembre 1760, la marquise écrivait, de la Chevrette, à Mlle de Valory qu'elle avait été voir *Tancrède* pour y fondre en larmes ; que Mlle Clairon y faisait merveille, et qu'il y avait un certain : *Eh bien, mon père !* qu'elle prononçait à faire trépigner d'applaudissements.

Parle-t-elle à Tronchin de ses enfants : « J'ai retiré, dit-elle, ma fille du couvent. Elle est lardée de mille défauts qu'elle y a acquis et qui cachent le plus excellent naturel ; aussi, cela ne m'effraye pas. Mon fils tourne bien ; il commence à prendre de l'émulation. Je ne les troquerais pas tous deux pour d'autres. »

Plus tard, elle apprend à l'abbé Galiani qu'elle est grand'mère, et que tout Paris attend la représentation de l'*Ecole de la jeunesse*, mise en musique par Duni, puis que Philidor doit donner une pièce tirée du roman de *Tom Jones* « Tout le monde, dit-elle, est dans l'attente de ce grand jour, et les intérêts majeurs ne se portent plus que sur l'Opéra-Comique et sur les cafés.

« Le café est l'art de rassembler chez soi un grand nombre de gens qui sont régalés gratis, sans cérémonie et sans gêne. Bien entendu qu'on n'y admet que les personnes de la société. On place dans la salle destinée à cet usage de petites tables garnies de toutes sortes de jeux, de bière, de vin, d'orgeat et de limonade. La maîtresse de la maison est vêtue à l'anglaise, robe simple, courte, tablier de mousseline, fichu pointu et petit chapeau. Elle a devant elle une table longue en forme de comptoir, sur laquelle on trouve des oranges, des biscuits, des brochures et tous les papiers publics, la tablette de la cheminée est garnie de liqueurs; les valets sont tous en vestes blanches et en bonnets blancs. On les appelle *garçons*, ainsi que dans les cafés publics. La maîtresse de la maison ne se lève pour personne, chacun se place à la table qu'il lui plaît... L'étiquette du souper est une poule au riz sur le buffet et une forte pièce de rôti. Il est à craindre que cette mode ne dure pas; car l'esprit de prétention commence déjà à troubler dans sa naissance l'économie d'une si belle invention.

« Il y a toutes sortes d'accessoires à ces réunions. On y joue des pantomines, on y chante et l'on y représente des proverbes. » Ne sont-ce pas là les amusements frivoles d'une société blasée? Amusements qui ne devaient pas être du goût des esprits sérieux, car on rapporte que le célèbre David Hume se tirait très-mal des proverbes, ce qui n'empêchait pas que toutes les jeunes femmes ne s'en emparassent. Il était de tous les soupers fins ; il n'y avait pas de bonne fête sans lui. Ce fut vers cette époque qu'on lui présenta Rousseau, qu'il devait emmener en Angleterre.

En 1769, Mme d'Épinay ressentait une telle gêne pécuniaire qu'elle prit la résolution de louer la Briche. Une dame se présenta. C'était, dit la marquise, une tatillonne, une bavarde avec laquelle s'engagea le dialogue suivant : « Madame, cette maison me parait charmante ; comment pouvez-vous la quitter? Vous n'aimez peut-être pas la campagne ? — Pardon, Madame, je la regrette. — Elle est peut-être malsaine ? Il y a beaucoup d'eau ; vous me paraissez délicate. — Madame, cette habitation n'est pas malsaine. — Ah ! Madame, voilà, je crois, la rivière ? — Non, Madame, c'est un canal (l'étang de la Briche). — Et les meubles? Reste-t-elle meublée ? — Madame, il faut acheter le canal, et l'on pêche les meubles tous les trois ans. »

Ce colloque sans résultat fut triste pour Mme d'Épinay, car elle tenait beaucoup à son château, à son parc qu'elle avait planté et embelli ; mais, ne touchant plus ses rentes, ayant des enfants à élever, des domestiques à payer, elle sentait le besoin de réduire sa dépense aux plus strictes nécessités.

Ces tracasseries de toutes sortes ne l'empêchaient pas de mener sa vie intellectuelle ordinaire, d'écrire à l'abbé Galiani pour lui parler de la réfutation que l'abbé Morellet avait faite de ses ouvrages, de recevoir M. de La Live, son gendre, qui souffrait d'affreux maux de dents, et sa femme, qui avait des coliques.

Elle ajoute qn'elle se fit maîtresse d'école, « c'est-à-dire sevreuse, lorsqu'il lui vint des Pyrénées une petite-fille de deux ans qu'elle traite d'originale créature, noire comme une taupe, ayant avec cela les plus beaux yeux du monde et certaines grâces naturelles. » Elle veut la prendre à sa mère pour l'élever sans être contrainte ni gênée. « Ce sera le premier exemple dans Paris. » Nous sommes en 1770. Mme d'Épinay avait alors quarante-cinq ans, se plaignant toujours de sa santé et prenant les eaux de Bussan, car elle avait eu quelques atteintes de gravelle. Elle adresse à l'abbé Galiani les compliments de Grimm qu'elle appelle le grand homme, et ajoute que, ayant eu un remboursement de 10,000 livres à faire, elle avait inutilement couru tout Paris pour avoir cette somme. « Dix mille livres à présent, dit-elle, c'est introuvable ! » Les finances étaient alors gouvernées par l'abbé Terray. On ne parlait plus que de famine, de disette et de monopole. Cet état de choses donna lieu à plusieurs écrits dans lesquels on traînait dans la boue les économistes et l'abbé Morellet. La marquise revint à la Briche excédée de froid, de fatigue et d'impatience, n'ayant d'autre consolation que d'écrire à Voltaire qu'elle avait un peu négligé, ce dont il s'était plaint dans une lettre que Grimm avait reçue de lui.

Enfin, le 30 octobre, Mme d'Épinay quittait la campagne pour aller à Paris. « Je dis adieu à la Briche, écrit-elle, sans miséricorde et sans retour. Le château est loué pour neuf ans, et, dans neuf ans, qui sait si je vivrai ? » Elle a dépassé de trois années ce lugubre pronostic. Depuis longtemps, il n'est plus question de la Chevrette. Sa splendeur n'existe plus qu'à l'état de souvenirs. La fortune obérée de la marquise ne lui permet pas de la faire revivre. Elle quitte la Briche sans regret, car les pluies sont continuelles et l'humidité insupportable.

L'abbé Galiani se plaignant de ne plus recevoir de ses lettres, elle répond qu'elle lui a écrit tous les huit jours, et termine sa missive par cette plaisanterie attribuée à une religieuse : « Eh bien ! mon révérend père, si vous n'êtes pas content de moi, couchez auprès ! » Cette boutade, un peu trop librement calquée sur la phrase vulgaire : « Allez vous coucher ! » n'empêcha pas la marquise de donner à l'abbé les nouvelles suivantes de leurs amis communs : « Diderot est au Grand-Val ; il avait promis d'être ici, il fallait bien qu'il fût ailleurs ; le comte de Scombert est à Saint-Germain ;

Grimm fait pour sa Correspondance plus de feuilles que personne n'en saurait produire; il mène une vie de galérien, et n'en est pas moins gai le soir en sortant de son grenier. Le marquis de Saint-Lambert vous aime très-sérieusement, car il parle toujours de vous avec la même chaleur ; Mme d'Houdetot vous trouve admirable. » Ces deux derniers noms sont toujours joints ensemble depuis plus de vingt ans. Mme d'Houdetot était alors dans sa quarante-sixième année et résidait à Sannois.

Mme d'Épinay termine sa lettre par une revue assez plaisante des œuvres de Buffon au sujet des mœurs et de la classification de certains animaux. L'abbé trouve que sa lettre est charmante et annonce une femme pleine d'esprit et de sens. Elle répond modestement qu'une femme ne peut avoir autant de science que les hommes, et qu'elle ne recueille que du ridicule quand elle s'affiche pour savante et bel-esprit ; qu'elle peut cependant acquérir des connaissances quand elle s'est acquittée de ses devoirs de fille, de mère et d'*épouse*, afin de pouvoir se suffire à elle-même, vivre libre et indépendante et savoir se consoler de l'injustice du sort et des hommes, des hommes dont on n'est jamais plus chérie et considérée que lorsqu'on peut se passer d'eux.

L'année 1770 dut jeter une certaine perturbation dans l'esprit de Mme d'Épinay et dans celui de ses amis. Nous avons vu que Rousseau lisait ses *Confessions* dans une infinité de sociétés particulières où elles étaient avidement écoutées et prônées avec enthousiasme ; qu'il divulgait indignement de grandes faiblesses et livrait à la méchanceté du monde beaucoup de femmes qui l'avaient accueilli dans leur intimité et soulagé dans ses misères.

Comme il présentait les faits sous le jour qui lui était le plus favorable, d'après des souvenirs lointains et confus, il est probable que, dans ce temps-là même, Mme d'Épinay retoucha ses mémoires pour rétablir, d'une manière simple et véridique, tout ce qui la concernait, elle et ses amis, quant à leurs anciens rapports avec Rousseau. Elle se garde bien de le réfuter, mais elle fait un récit parallèle au sien dans lequel les bizarreries et les inconséquences du philosophe sont dévoilées. Grimm dut avoir connaissance de ce travail et lui donner son approbation, puisqu'il en fut longtemps dépositaire après la mort de la marquise et qu'il le confia, en quittant la France, à M. Le Court de Villère, son secrétaire, aux héritiers duquel on en doit la publication. Rousseau, avec sa tête ardente, avait seul parlé dans sa propre cause. Mme d'Épinay voulut prendre sa revanche en écrivant ses mémoires, dans lequels tant de gens auraient gagné à être vus avec moins de réalisme et de déshabillé.

Les années suivantes sont désastreuses pour la fortune de la marquise. Ce n'est plus la suppression de ses rentes qu'elle déplore : l'abbé Terray l'a ruinée par ses opérations. Elle se défait de son équipage et vend le peu de vaisselle qui lui reste, ressource insuffisante, car elle ne pourra ni payer les dettes que sa santé lui fait contracter, ni économiser sur ses modiques revenus. Vient, dans sa lettre du 11 avril 1771, une peinture fort originale de l'abbé Terray, qu'elle nomme son assassin : « Il est grand comme une perche, sec comme un cotret, ayant l'air moqueur et dur, avec le génie d'un chef de brigands. »

Cette effroyable banqueroute fit supprimer la cour des aides, appelée naturellement à contrôler les finances. La consternation fut générale. On discuta l'autorité du parlement, et l'on vit qu'il fallait se prononcer pour elle ou pour celle du roi. C'était un changement dans la constitution du pays, « et l'on pressentait, dit la marquise, que les lumières qui se répandaient dans le peuple devaient, un peu plus tôt, un peu plus tard, opérer des révolutions. »

L'avenir a prouvé que les pronostics de Mme d'Épinay devaient bientôt se réaliser. Elle ajoute que l'on préférerait le despotisme du parlement à celui du roi, parce que le premier est astreint à certaines formes dont le second sait toujours se dispenser.

Lorsque l'abbé Galiani plaint la marquise de ses malheurs domestiques, elle répond qu'elle n'a plus d'équipage, mais qu'elle sera peut-être forcée de faire de plus grandes réformes. Elle en prend son parti; ses amis l'approuvent, car elle a tout sacrifié au bonheur de ses enfants, au risque de perdre son aisance.

Le 19 octobre 1771, Mme d'Épinay alla dîner à Sannois chez Mme d'Houdetot, avec sa fille, Mme de la Live, et Mlle de Givry. Il est évident que Mlle d'Épinay avait épousé un de ses cousins, puisqu'après son mariage elle portait le nom de la Live qui était celui de sa propre famille.

Nous ne trouvons plus que quatre lettres de la marquise adressées à l'abbé Galiani, et ne présentant aucun intérêt pour l'histoire de sa vie : la première, datée du 3 mai, précéda de deux mois la mort de Rousseau. Mme d'Épinay vécut encore cinq années, qu'elle consacra à composer des traités de morale pour les enfants et à continuer, en l'absence de Grimm, la correspondance qu'il entretenait avec plusieurs princes d'Allemagne, œuvre littéraire remarquable que ne déparent pas les lettres de la marquise. Elle mourut le 17 avril 1783, âgée de cinquante-huit ans, l'année même où ses *Conversations entre une mère et une fille* avaient été couronnées par l'Académie.

Sa concurrente fut Mme de Genlis, qui avait présenté son *Adèle et Théodore*. Les avis sont encore partagés touchant le mérite relatif de ces deux ouvrages.

Mme d'Épinay fut exaltée à outrance dans les journaux du temps. Mme de Genlis, piquée au vif, se permit toutes sortes d'invectives contre sa rivale, prétendant que son instruction était bornée, que son physique ne s'était pas corrigé à cinquante ans, car ses yeux étaient aussi louches que dans sa jeunesse. Mme de Genlis est indiscrète et ne devait pas relever cette petite imperfection, que la marquise a pris soin de dissimuler dans le portrait qu'elle a fait elle-même de sa personne. Ses coups d'épingle sont de mauvais goût, car elle eut aussi ses petites disgrâces et n'occupa qu'un rang médiocre parmi les institutrices.

Nous ne pouvons terminer sans apprendre à nos lecteurs ce que devinrent Diderot, Grimm, Franceuil, Mme d'Houdetot, Saint-Lambert, l'abbé Galiani, MM. d'Épinay et de Jully, Duclos et le baron d'Holbach, qui ont figuré tant de fois dans le cours de notre récit.

DIDEROT eut d'abord, grâce à Duclos et à Mlle d'Ette, certaines préventions contre Mme d'Épinay dont il sut bientôt se départir, et resta son ami tant qu'il vécut. Il mourut en 1784, une année après la marquise. Nous ne parlerons pas de ses œuvres philosophiques, pleines d'idées fausses et de contradictions, ce qui a fait dire que ses *Lettres à Mlle Vollant* étaient son meilleur ouvrage. Chose triste à penser qu'une œuvre légère soit préférée à des élucubrations qui ont consumé la vie de celui qui en est l'auteur !

GRIMM porta toujours à Mme d'Épinay l'amitié la plus sincère et la plus tendre. Après la mort de son amie, il continua de résider à Paris où il étudia et décrivit dans sa Correspondance les premières scènes de notre Révolution. Bientôt, sa position n'étant plus tenable, il quitta, avec le corps diplomatique, cette France qu'il chérissait et qui était devenue son pays d'adoption. L'impératrice de Russie Catherine le nomma, en 1795, son ministre près des États de la basse Saxe. Il abandonna cette position à la suite d'une maladie qui lui fit perdre un œil. Ce critique célèbre, dont les œuvres ont été soigneusement recueillies, mourut à Gotha, en l'année 1807, vingt-quatre ans après Mme d'Épinay dont il ne cessa de conserver le souvenir.

FRANCEUIL. L'élégant et séduisant Franceuil était marié à une femme déjà infirme lorsqu'il connut Mme d'Épinay. Excellent musicien, il s'occupait en même temps de fabrication et d'industrie, faisait ses violons lui-même et brodait à merveille. Veuf depuis de longues années, lovelace émérite et presque ruiné, il épousa, à plus de soixante ans, la fille naturelle du maréchal de Saxe, et se trouve, par cette alliance, l'aïeul de Mme Sand.

Mme D'HOUDETOT ET SAINT-LAMBERT. Mme d'Houdetot fut jusqu'à son dernier jour bienveillante avec les amis qu'elle conserva jusqu'à sa mort. Lorsque la société parisienne, si longtemps dispersée et décimée par nos révolutions, tendit à se reconstituer grâce à la sécurité que promettait le premier Empire, le faubourg Saint-Germain rouvrit ses salons et la rue Saint-Honoré, habitée par la finance, réorganisa les siens. Mme d'Houdetot, fille d'un fermier général et femme d'un homme de qualité, ne manquait pas d'éléments pour s'entourer d'anciennes relations parmi lesquelles de jeunes littérateurs furent admis. Un de ces derniers, devenu célèbre et vivant encore heureusement pour la science (1), nous a dit que Marmontel venait de mourir lorsqu'il fréquenta les salons de Mme d'Houdetot, mais qu'il y rencontra quelquefois ses fils, et, durant plusieurs années, l'abbé Morellet, unique représentant de la société philosophique du

---

(1) On pense bien que nous parlons ici de M. Adrien Le Clerc, doyen de la Faculté des lettres de Paris, mort peu de temps après que ces lignes ont été écrites. Payons à la mémoire de ce personnage éminent un juste tribut de reconnaissance pour l'accueil bienveillant dont il nous a toujours honoré.

xviiie siècle; que ce fut enfin à la suite de fréquents rapports avec cet abbé, l'un des premiers économistes de son époque, qu'il publia une édition de ses œuvres complètes.

Mme d'Houdetot avait conservé son caractère plein de charmes, et chantait à l'âge de quatre-vingt-cinq ans, en chevrotant toutefois un peu, les romances de sa jeunesse.

Elle faisait agréablement des vers qui ne sont jamais sortis du cercle des personnes distinguées qui la fréquentaient. On a seulement retenu les suivants, qu'elle composa lors du mariage de sa petite-fille :

> Pour célébrer en vers cette heureuse journée,
> Je sais que je ferais des efforts superflus,
> Mais je bénis ma destinée :
> Car j'aime encor si je ne chante plus.

Lorsque parurent les mémoires de Rousseau, elle dit qu'il avait mêlé beaucoup d'exagération à ses souvenirs, et qu'on ne devrait pas altérer la vérité quand on fait les confessions de ses amis. Ce qu'il dit des rapports de cette dame avec Saint-Lambert ne parut pas la blesser : ils étaient d'ailleurs connus de tout Paris. Mais elle ne pouvait lui pardonner d'avoir dévoilé les faiblesses de Mme de Warens, qui l'avait tiré de la misère en le recueillant chez elle et en lui donnant du pain. On dirait qu'elle voulait colorer son propre mécontentement d'un motif, fort honnête du reste, mais qui n'était peut-être pas celui qui la touchait le plus.

Elle avait toutefois défendu de prononcer le nom de Rousseau chez elle, et ses jeunes amis étaient trop supérieurs et trop bien élevés pour oublier les égards qu'ils devaient à cette aimable et bienveillante maîtresse de maison. Aucun n'était de l'indigne école du philosophe.

Les relations de Mme d'Houdetot avec Saint-Lambert, devenu membre de l'Académie française en 1770, après la publication de son poëme des *Saisons*, durèrent plus de cinquante ans. Le caractère de Saint-Lambert s'étant aigri par la maladie, Mme d'Houdetot prit sur elle de tout supporter, et redoubla de soins et d'attentions pour lui. Il mourut en 1803. La comtesse lui survécut dix ans, et décéda le 28 janvier 1813, dans sa quatre-vingt-septième année. Son cœur devait être déposé dans l'église d'Épinay, où se lit, sur une table de marbre noir, le passage suivant de ses dispositions testamentaires :

J'ORDONNE QUE MON CŒUR SOIT MIS A PART
ET PORTÉ DANS LE TOMBEAU
OU PRÈS LE TOMBEAU
DE MON PÈRE ET DE MA MÈRE
EXISTANT A ÉPINAY.

Le marbre seul est resté suspendu devant la sépulture de M. de Bellegarde et de son épouse. Quant au cœur, l'administration municipale défendit de le déposer sous les dalles du temple, en vertu de la loi qui prohibait les sépultures dans les églises. On le transporta dans le cimetière de la paroisse, alors situé à l'entrée de la rue du Port, lequel est devenu, depuis l'acquisition d'un nouveau champ de repos, la propriété de Mme Lucile Hauguel, fille de l'auteur du présent livre.

L'abbé Galiani mourut à Naples en 1785, âgé de cinquante-sept ans, ayant toujours regretté les salons de Paris et la perte de Mme d'Épinay, qui surveillait l'impression de son *Dialogue sur les femmes*. Mme du Bocage, qui s'était fait un nom dans la littérature, voulut se substituer à la marquise auprès de Galiani. Il la remercia, sachant qu'il ne remplacerait jamais l'amie dévouée et la femme intelligente qu'il avait perdue.

Duclos joue un rôle important dans les mémoires de Mme d'Épinay. Nous en avons assez parlé pour que nous soyons sobre de détails envers lui. Ses brusqueries de commande l'ont fait appeler le *faux sincère*. Nous en avons un exemple dans sa conduite envers la marquise. Il faisait des articles pour l'Encyclopédie et disait cependant des philosophes, ses amis, que c'était une bande de petits impies qui finiraient par l'envoyer à confesse. Rousseau le définissait *homme droit et adroit*. Ses travaux littéraires sont très-considérables. Nous ne citerons que son *Histoire de Louis XI*, qui lui valut d'être nommé par Louis XV historiographe de France. Il mourut à Paris en 1772, à l'âge de soixante-neuf ans, sans avoir revu Mme d'Épinay qui vécut encore onze années après lui.

Le marquis d'Épinay, dont la conduite et la moralité sont longuement décrites par sa femme, vécut toujours en dehors de sa famille. Il dut cependant modifier ses travers puisqu'il devint, avec son frère, introducteur des ambassadeurs à la cour.

M. de la Live de Jully, frère du précédent, obtint un emploi dans les affaires étrangères et resta quelque temps à Genève. Il occupa, après avoir perdu sa femme et s'être remarié à Mlle Nettine, la place d'introducteur des ambassadeurs, dont son fils, M. de la Live, eut la survivance du temps de la Restauration.

M. de Jully était artiste et habile graveur à l'eau forte. Il avait employé une partie de sa fortune à former un cabinet de tableaux choisis dus au pinceau des plus grands maîtres des Pays-Bas et de l'Italie. Ce cabinet fut dispersé après sa mort, qui eut lieu à Paris en 1775.

Le baron d'Holbach, grand seigneur de la société philosophique, fréquentait les salons de Mme d'Épinay, qui brillait souvent dans les siens. D'origine allemande et fils d'un parvenu, dit Rousseau, il recevait chez lui les gens de lettres. Sa fortune, assez belle, était employée en dîners et en réceptions. Cependant, sa faveur diminua lorsqu'il fut obligé de restreindre les dépenses de son cuisinier. Il était fanatique d'incrédulité; aussi publia-t-il une foule d'ouvrages contre la religion qui sont heureusement tombés dans l'oubli. Il détestait les jésuites, et quand on les chassa il leur offrit tous les secours qui dépendaient de lui. Il mourut à Paris, le 21 janvier 1789, assez à temps pour ne pas voir les saturnales antireligieuses que ses principes avaient provoquées.

Notre travail serait incomplet si nous ne faisions brièvement la revue des habitations que les visites fréquentes de tous ces personnages ont rendues célèbres. Nous avons assez parlé de la Briche au commencement de ce livre pour la passer maintenant sous silence. Arrivons à la Chevrette, que nous avions le plus grand désir de visiter.

Nous espérions admirer un vaste château, de beaux salons, des pièces d'eau, un immense parc couvert d'arbres, de bosquets et de fleurs. Au lieu de ces merveilles, nous n'avons trouvé, après avoir franchi l'une des grilles de l'ancienne propriété, qu'une petite enceinte de six à sept arpents, un jardin, quelques beaux arbres, une maison moderne confortable et un ancien bâtiment de service coquettement disposé, servant d'habitation à la famille de M. Thierry, propriétaire actuel de ce lieu, qui porte encore orgueilleusement le nom de la Chevrette. Mme Thierry et Mme de M***, sa fille, me firent la plus gracieuse réception, comme il convenait envers une ancienne connaissance de leur famille. J'ai parcouru le jardin avec elles, visité deux jolies maisons, et quand je leur ai demandé où étaient le parc et l'ancien château, elles m'ont fait voir, en dehors de l'enclos, des champs de vignes en me disant : C'était là! Bien qu'un peu désillusionné des choses d'ici-bas, j'avoue qu'après avoir vu le désert là où la belle duchesse de Longueville tenait sa cour, avait reçu la mère de Louis XIV et le cardinal de Mazarin, là où, peu après, se donnaient des fêtes, où de gracieuses femmes jouaient la comédie, où tant de cœurs avaient éprouvé de si douces émotions, je ne pus me défendre d'un mouvement de mélancolie que la politesse seule m'empêcha de prolonger. La conversation se ranima ; il en était temps, car, dans ce quartier des philosophes, j'aurais fini par déraisonner.

Comment, enfin, ce beau domaine avait-il disparu ? telle était la question que je me posais à moi-même quand j'appris que, peu d'années après la mort de Mme d'Épinay, M. de la Live, son gendre, fit raser le château et les beaux arbres du parc. Il avait ses raisons, nous avons les nôtres qu'il importe de respecter.

Que nous passions maintenant à l'*Ermitage,* situé près de la forêt de Montmorency. On en voit encore le jardin tel qu'il existait du temps de Rousseau, et les tilleuls qui ont fait partie d'une allée dans laquelle se promenait le philosophe. On y remarque un rosier qu'il avait planté lui-même, lequel inspira la romance suivante, si chantée au commencement de notre siècle :

> Je l'ai planté, je l'ai vu naître
> Ce beau rosier où les oiseaux,
> Tous les matins, sous ma fenêtre
> Venaient chanter des airs nouveaux... Etc.

La petite maison de Rousseau, augmentée et remise à neuf, est devenue méconnaissable. Sa chambre à coucher a été agrandie et transformée en pièce de billard. M. H***, de Rouen, devenu acquéreur de l'Ermitage, le revendit à Mme la comtesse de Chaumont; mais, avant d'en partir, il fit enlever ce qui avait été réuni du mobilier de Rousseau, consistant en deux lits, un grand fauteuil, deux rideaux à ramages, un ancien portrait de l'ermite peint au pastel par La Tour, deux vieux sabots, et deux cylindres en verre servant à protéger la lumière contre le vent.

Tous ces objets n'étaient pas, à coup sûr, restés à l'Ermitage lorsque Rousseau l'abandonna, puisqu'il fit aussitôt transporter ses meubles à Mont-Louis en même temps que Mme d'Épinay faisait rentrer à la Chevrette la partie qui lui appartenait. Cependant, lorsque le philosophe quitta subitement la vallée pour s'échapper en Suisse, son mobilier dut être vendu, et l'on peut croire que la spéculation en aura réuni quelques pièces pour les réintégrer à l'Ermitage et les exposer aux regards de ceux qui venaient contempler ces curieuses reliques. Les rideaux à ramages étaient un cadeau de Mme d'Épinay. C'eût été intéressant d'y retrouver ses deux cotillons.

Mme d'Houdetot habita deux maisons dans la vallée de Montmorency : l'une à Eaubonne, l'autre à Sannois. Celle d'Eaubonne était l'ancien château de Meaux, dont il ne reste que le pavillon qui sert de logement au jardinier. Un pré couvert d'arbres fruitiers séparait le château de la maison occupée par Saint-Lambert et dans laquelle il composa son poëme des *Saisons*.

L'habitation de Mme d'Houdetot à Sannois n'existe plus : les terrains sur lesquels on la voyait sont couverts de maisons de cultivateurs. On en connaît à peine l'emplacement.

De Sannois, nous sommes allé visiter Épinay, l'un des plus curieux villages de la contrée par les souvenirs historiques qu'il rappelle et ses nombreuses cryptes mérovingiennes, que nous avons décrites dans la *Revue archéologique.* Nous en avons voulu connaître le presbytère, si souvent visité par Mme d'Épinay : rien n'y est changé depuis cette époque. C'est le même salon où l'abbé Pourèz recevait la marquise, son mari, les deux demoiselles Rose et Jean-Jacques. L'heureuse destination de cette humble demeure l'a toujours protégée, tandis que la philosophie n'a pu sauver de la destruction les plus brillantes *villa* où elle débitait ses utopies, ses sophismes et ses erreurs.

TABLE DES MATIÈRES

Dédicace, p. v-viii.

Séjour de l'auteur à la Briche; ses relations, p. 1-12.

Mlle d'Esclavelles; sa famille et son mariage avec M. d'Épinay, son cousin germain, fils de M. de la Live de Bellegarde, fermier général, p. 1-17.

Torts de M. d'Épinay; sa conduite légère avec son épouse, p. 18-20.

Mariage de Sophie de Bellegarde avec M. le comte d'Houdetot; détails sur la famille de ce dernier, p. 21.

Mme d'Épinay accouche d'une fille en 1747; ses liaisons avec Mlle d'Ette et M. de Francueil, fils de M. Dupin, fermier général; M. d'Épinay quitte sa femme pour aller gérer un emploi qu'il avait dans la ferme générale; liaisons de Mme d'Épinay avec Francueil, p. 22-23.

Mme d'Houdetot, Saint-Lambert, Duclos, Gauffrecourt et Rousseau viennent à la Briche, p. 24-27.

Le fils de Mme d'Épinay est mis au collége, contrairement à l'opinion de sa mère qui voulait le faire élever chez elle, p. 28.

Mlle Quinault, actrice du Théâtre-Français; ses dîners auxquels assistent Mme d'Épinay, le prince de Beauvau, Saint-Lambert et Duclos, p. 29-30.

On s'établit à la Chevrette, autre château de M. de Bellegarde; on y joue, en présence de Rousseau, l'*Engagement téméraire*, qu'il avait composé chez M. Dupin à Chenonceaux, p. 31-36.

Plaintes de M. d'Épinay dans ses lettres à sa femme et à M. de Bellegarde, p. 37-38.

Franceuil part pour Chenonceaux; Linant, précepteur du fils de Mme d'Épinay, p. 39-42.

Mort de M. de Bellegarde; il est inhumé dans l'église d'Épinay; partage de sa succession; caprices de Franceuil; le comte d'Houdetot achète une terre en Normandie; la comtesse va la visiter avec son mari, p. 43-51.

Franceuil et quelques amis partent avec eux; M. et Mme d'Épinay vont les rejoindre; chagrins de la marquise; son retour à Paris, p. 52-54.

Nouveau dîner chez Mlle Quinault; ce qui s'y passe; M. et Mme de la Popelinière; retour à la Briche, p. 55-60.

Grimm vient faire sa première visite à la Briche avec Rousseau; le chevalier de Valory et Mlle d'Ette; mort de Mme de Jully, belle-sœur de Mme d'Épinay; les chagrins de son époux; il lui fait élever un monument dans l'église de Saint-Roch; jalousie de Duclos contre Grimm, p. 61-72,

TABLE DES MATIÈRES

Rousseau habite l'Ermitage que lui offre Mme d'Épinay; il fait quelques difficultés pour accepter; il y reçoit la visite de Mme d'Houdetot, de Grimm et de Desmahis; Thérèse, p. 73-80.

Les amis de Rousseau veulent le dissuader de passer l'hiver à la campagne; Grimm part pour l'armée; Rousseau vient lire à Mme d'Épinay le premier cahier de la *Nouvelle Héloïse*; jugement de Mme d'Épinay sur cet ouvrage, p. 81-85.

Rousseau travaille à sa *Julie*; il s'éprend de Mme d'Houdetot; ses folies pour elle; jalousie de Saint-Lambert; lettre mystérieuse; rencontre de Diderot avec Saint-Lambert chez le baron d'Holbach, p. 86-107.

Nouvelles tracasseries avec Rousseau; mort de Desmahis; sa conversion; maladie de la marquise; elle part pour Genève; Rousseau refuse de l'accompagner; sa lettre à Grimm, p. 108-125.

Mme d'Épinay voit à Genève Voltaire et la première société de la ville; Rousseau se fâche avec elle, quitte l'Ermitage et se fixe à Mont-Louis; il est reçu d'une manière bienveillante par le maréchal de Luxembourg, p. 126-134.

Il publie son *Émile*; s'échappe en Suisse, où il éprouve diverses persécutions; ses rapports avec milord maréchal; il passe en Angleterre, revient en France, habite quelques années Paris et meurt à Ermenonville, dans le refuge que lui avait offert M. le comte de Girardin; conduite de Thérèse après la mort de Rousseau, p. 135-166.

Mme d'Épinay revient à la Briche, s'y occupe de l'éducation de ses enfants; sa correspondance avec l'abbé Galiani; un de ses ouvrages est couronné par l'Académie française; sa mort; p. 167-182.

Notice finale sur les principaux personnages qui ont été en relation avec Mme d'Épinay, p. 183-191.

État actuel des maisons habitées par ces personnages dans la vallée de Montmorency : la Briche, la Chevrette, Mont-Louis, Sannois et l'Ermitage, p. 192-196.

Evreux, A. Hérissey, imp. — 166

ON TROUVE DANS LA MÊME LIBRAIRIE

FALLUE (Léon), lauréat de l'Institut. — Annales de la Gaule, avant et pendant la domination romaine. 1865, in-8. 6 »

BELLEVAL (René de). — La Journée de Mons-en-Vimeu et le Ponthieu, après le traité de Troyes, 1861, gr. in-16. 3 »
    Jolie édition imprimée sur papier vergé avec titre en noir et en rouge.

— La Grande Guerre, fragments d'une histoire de France aux xiv⁰ et xv⁰ siècles. 1862, 1 beau vol. in-8, pap. vél. fort. 8 »

— La première campagne d'Edouard III en France. 1864, 1 beau vol. in-8, pap. vél. fort. 8 »

BLAMPIGNON (E.-A.), doct. en théologie, etc., etc. — Étude sur Malebranche, d'après des documents manuscrits, suivie d'une correspondance inédite. 1862, gr. in-8. 4 »

BOUILLIER (Fr.), correspondant de l'Institut, inspecteur général de l'enseignement secondaire. — Histoire de la Philosophie cartésienne dans le xvii⁰ et dans le xviii⁰ siècle, en France et à l'étranger. 1854, 2 vol. in-8. 14 »

BREDIF, doct. ès lettres, ancien élève de l'École normale. — Segrais, sa vie et ses œuvres. 1863, in-8. 4 »

COLLET (Fr.). — Fait inédit de la vie de Pascal. L'auteur des Provinciales et le chevalier de Méré. 1848, in-8. 1 50

LACUISINE (de), conseiller. — Choix de lettres inédites écrites par Nic. Brulard à Louis XIV, au prince de Condé, à Mazarin, Colbert, Le Tellier, Louvois, Fouquet, La Vrillière, Châteauneuf, etc., et de celles qu'il a reçues du roi et des mêmes personnages durant l'exercice de sa charge de premier présid. du Parlement de Bourgogne de 1657-1692, etc. 1859, 2 vol. gr. in-8. 10 »

LE ROI (J.-A.), conservateur de la bibliothèque de la ville de Versailles, correspondant du ministère de l'Instruction publique pour les travaux historiques. — Journal de la santé du roi Louis XIV, de l'année 1647 à l'année 1711, écrit par Vallot, d'Aquin et Fagon, tous trois ses premiers médecins, avec introduction, notes, réflexions critiques et pièces justificatives. 1862, 1 vol. in-8. 7 50

VISSAC (l'abbé J.-A.), doct. ès lettres, ancien prof. de philosophie, etc. — De la Poésie latine en France au siècle de Louis XIV. 1862, in-8. 4 »

Evreux, A. Hérissey, imp.

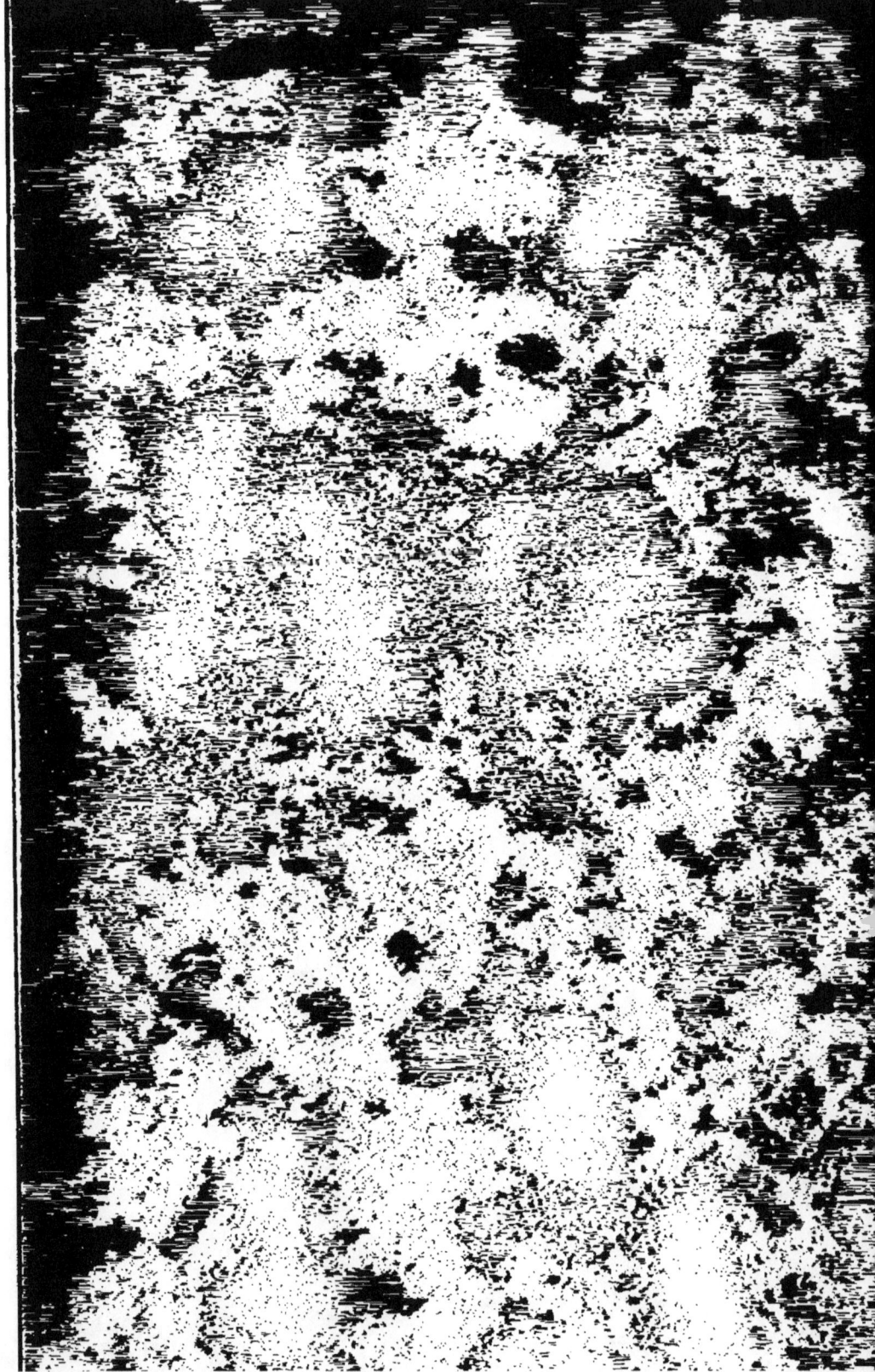